HARKIS

SOLDATS ABANDONNÉS

ISBN : 978-2-84563-555-5

HARKIS

SOLDATS ABANDONNÉS

Préface de

Pierre Schoendoerffer

Introduction historique du

général Maurice Faivre

Témoignages recueillis par le

FONDS POUR LA MÉMOIRE DES HARKIS

XO ÉDITIONS

HARKIS SOLDATS ABANDONNÉS

Un harki observe la montagne.

Le 12 juin 1962, deux femmes musulmanes attendent, avec leurs enfants, au centre de la Croix-Rouge leur transfert vers la France.

Sommaire

Préface

par Pierre Schoendoerffer

En 1982, je préparais un film, *L'Honneur d'un capitaine*, et j'avais rendez-vous à L'Argentière en Ardèche où vivait une communauté de harkis.

C'était en hiver, il faisait froid. La rencontre avait lieu dans la salle des fêtes (joli nom pour un sinistre endroit). Le poêle n'arrivait pas à tiédir l'atmosphère.

Ils étaient là, une cinquantaine.

Je leur expliquai mon projet et leur demandai leur collaboration. Je ressentais une légère réticence de leur part. Je leur dis alors : « On travaillera ensemble, la main dans la main. Je ne vous trahirai pas. »

Il a fait tout à coup encore plus froid. Et un silence glacial. La moitié des harkis se levèrent et sortirent dans la nuit.

Leur chef, qui était assis à mes côtés, derrière une table, m'a regardé et je n'oublie pas encore aujourd'hui ce qu'exprimaient ses yeux. « Monsieur, ne dites jamais que vous ne nous trahirez pas. Nous ne croyons plus en ces mots. »

Le vieux chef est devenu mon ami. Nous avons travaillé ensemble. Une belle aventure humaine.

J'avais entrevu d'autres harkis, en 1959, en Algérie. Je les avais vus défiler, fiers et droits, en chantant, devant le colonel Bigeard. Ceux du commando Georges et du commando Cobra.

Je voudrais vous rendre hommage, mais ce livre le fait mieux que moi. C'est vous qui parlez, avec une pudeur, une gravité, une distinction.

On vous a abandonnés, trahis, nous, la France, notre France.

Vous le dites avec des mots simples. Vous restez fidèles à la France. Vous, les survivants, vous gardez l'espérance, et cela atténue la tache noire sur le drapeau tricolore.

On doit vous dire merci. Et que Dieu vous garde. Vive notre France ! ■

Pierre Schoendoerffer,
de l'Institut

Chronologie

14 juin 1830. Après le débarquement à Sidi-Ferruch, la France crée l'armée d'Afrique.

1841-1847. Le général Bugeaud crée les Bureaux arabes et obtient la reddition d'Abd el-Kader.

1852-1883. Libéré par Napoléon III, l'émir Abd el-Kader se réfugie en Syrie où il protège les chrétiens.

Juin 1871. Révolte de Mokrani contre le régime civil.

1914-1918. 218 000 soldats maghrébins participent à la Première Guerre mondiale.

1926. Messali Hadj crée le premier mouvement nationaliste.

1939. Mobilisation de 180 000 Maghrébins.

8 novembre 1942. Débarquement allié en Afrique du Nord, mobilisation portée à 230 000 Nord-Africains.

8 mai 1945. Émeutes de Sétif-Guelma.

1er novembre 1954. Déclenchement de l'insurrection armée par le FLN.

20 août 1955. Massacres du Constantinois, début de la vraie guerre.

12 mars 1956. L'Assemblée nationale vote la loi sur les « pouvoirs spéciaux » pour l'Algérie.

7 janvier 1957. Début de la bataille d'Alger.

Février-mai 1958. Bataille des frontières à l'est.

13 mai 1958. Les Européens prennent le gouvernement général à Alger. Création d'un Comité de salut public à Alger présidé par le général Massu.

1er juin 1958. De Gaulle investi par l'Assemblée nationale, avec pouvoirs spéciaux.

4 juin 1958. De Gaulle dit aux colons d'Alger : « Je vous ai compris. »

19 septembre 1958. Le Gouvernement provisoire de la République algérienne (GPRA) dirigé par Ferhat Abbas est formé au Caire.

Octobre 1958. « Paix des braves » proposée par de Gaulle au FLN et plan de Constantine.

Février 1959. Début du plan Challe en Oranie.

16 septembre 1959. De Gaulle annonce l'autodétermination du peuple algérien.

Du 24 janvier au 1er février 1960. Semaine des barricades.

22 avril 1961. Tentative de putsch des anciens généraux Salan, Challe, Jouhaud et Zeller.

17 octobre 1961. La manifestation des « Français musulmans d'Algérie » à Paris est sévèrement réprimée.

18 mars 1962. Accords de cessez-le-feu à Évian, suivi de représailles OAS et FLN.

26 mars 1962. Fusillade de la rue d'Isly.

3 juillet 1962. La France reconnaît l'indépendance de l'Algérie.

5 juillet 1962. Massacres à Oran.

1965. Retrait des Forces françaises d'Algérie et libération des harkis prisonniers.

1978. Retrait de Mers el-Kébir.

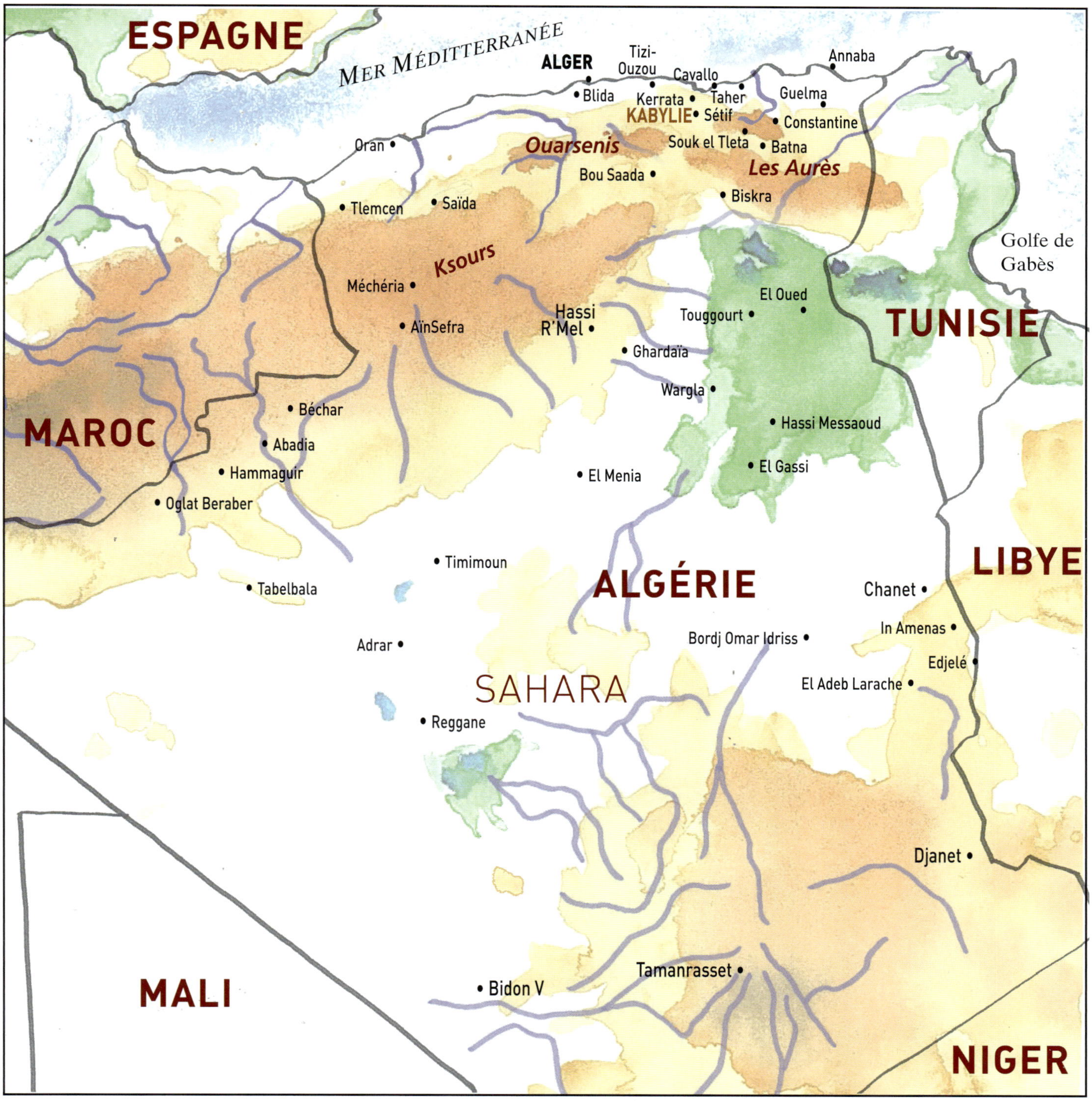
ESPAGNE
Mer Méditterranée
ALGER
Tizi-Ouzou
Cavallo
Annaba
Blida
Kerrata
Taher
Guelma
KABYLIE
Sétif
Constantine
Oran
Ouarsenis
Souk el Tleta
Batna
Bou Saada
Les Aurès
Tlemcen
Saïda
Biskra
Golfe de Gabès
Ksours
Méchéria
El Oued
Hassi R'Mel
Touggourt
AïnSefra
TUNISIE
Ghardaïa
Wargla
Béchar
Hassi Messaoud
MAROC
Abadia
Hammaguir
El Menia
El Gassi
Oglat Beraber
Timimoun
ALGÉRIE
LIBYE
Tabelbala
Chanet
In Amenas
Bordj Omar Idriss
Adrar
Edjelé
SAHARA
El Adeb Larache
Reggane
Djanet
Tamanrasset
MALI
Bidon V
NIGER

Défilé de harkis à l'occasion de la commémoration du 11 novembre 1956.

Chapitre 1

INTRODUCTION HISTORIQUE

Introduction historique

par le général Maurice Faivre

En Algérie, comme dans tous les pays où elle a exercé sa souveraineté, la France a engagé dans ses armées, comme soldats de métier, comme conscrits ou comme supplétifs, de nombreux ressortissants des populations locales.

À partir de 1830, au fur et à mesure de la conquête et des campagnes de « pacification » de l'Algérie, la mobilisation sélective de combattants musulmans a procuré aux armées françaises l'appoint d'effectifs conséquents.
Ils étaient zouaves, chasseurs d'Afrique, tirailleurs ou spahis, ces derniers ayant été conçus et entraînés sur le prestigieux modèle de la cavalerie française.

SUPPLÉTIFS ET MILITAIRES

Quand éclate le soulèvement du 1er novembre 1954, la plupart des unités nord-africaines se trouvent encore en Indochine. Le recours à des supplétifs musulmans – ceux qu'on va appeler les « harkis » – a répondu à un besoin militaire indispensable.

Sous ce terme global dérivé du mot arabe *harka* (pour « mouvement »), on a ensuite désigné une nébuleuse de formations diverses, créées successivement de 1954 à 1959 :
– en janvier 1955, le gouverneur Léonard met sur pied 34 groupes mobiles de protection rurale, baptisés « Groupes mobiles de sécurité » (GMS) en 1958. En 1962, il y aura 110 GMS ;
– en septembre 1955, le gouverneur Soustelle crée les « Sections administratives spécialisées » (SAS), dont la protection est assurée par des makhzens de 20 à 50 moghaznis ; il y aura 700 SAS en 1961, pour un effectif de 19 000 moghaznis ;
– en février 1956, le général Lorillot prescrit de former une harka dans chaque quartier de pacification, au niveau des sous-préfectures. En 1961, 800 harkas regroupent 60 000 harkis ;
– en 1957 sont créés des « Groupes d'autodéfense » (GAD) dans les villages en voie de paci-

Un harki kabyle protège les silos de sa famille.

fication. Deux mille GAD seront constitués, comptant 60 000 gardes dont la moitié sont armés de fusils de chasse ou fusils Lebel ;
– en 1959, le général Challe crée les « commandos de chasse », chargés de rechercher les rebelles qui ont échappé aux opérations des divisions parachutistes.

Il faut préciser qu'environ 3 000 harkis ont été des « ralliés », c'est-à-dire qu'ils avaient été recrutés parmi des prisonniers FLN qui reprenaient la guerre en se retournant contre leurs anciens camarades insurgés. Beaucoup de ces « ralliés » appartenaient aux « commandos de chasse ». Le sort de ceux d'entre eux qui n'ont pas pu gagner la France compte parmi les plus tragiques lors de l'indépendance de l'Algérie.

Enfin, à l'écart de la communauté des supplétifs servant en Algérie, les membres de la « Force de police auxiliaire » (FPA), surnommés les « harkis de Paris », ont compté jusqu'à 400 hommes, tous musulmans, gradés compris. Sous le commandement du capitaine Montaner, un ancien officier des SAS, la FPA fut mise en place dans la capitale pour riposter « sur son terrain » à la puissante Fédération de France du FLN. Une lutte d'une grande violence, conduite par le FLN en métropole contre le MNA de Messali Hadj, se traduit par plus de 4 000 tués, dont 150 Français, 53 policiers et 46 harkis de la FPA. En trois ans, la FPA réussit à éliminer 500 membres des commandos

Défilé de harkis à la Sénia, près d'Oran.

La cathédrale de Santa Cruz et le fort Carré dominent Oran.

de choc du FLN, à saisir 650 armes de guerre, 150 grenades et 40 bombes. Après la dissolution de la FPA, plusieurs choix ont été donnés aux « harkis de Paris » : rester dans l'armée, entrer dans la police ou se faire aider à trouver un emploi dans la vie civile.

Pour la France, ces différentes organisations de « harkis », au sens large, étaient administrées soit par l'autorité civile pour les SAS et les GMS, soit par l'autorité militaire pour les GAD et les harkas.

Rappelons qu'en 1912, la conscription avait été instaurée dans les trois départements d'Algérie. Cette conscription étant sélective, et les besoins de l'armée limités à 5 000 hommes par mois, 50 % des jeunes musulmans ne sont pas convoqués, parmi lesquels certains ont pris le maquis.

En sus de ces jeunes appelés, 26 000 engagés volontaires ont servi sous contrat. Ces militaires de carrière, comme ceux du contingent, n'étaient donc pas, au départ, des « harkis », dans le sens que ce terme a acquis après coup.

Cette « appellation » générique a fini par recouvrir l'ensemble des Algériens musulmans profrançais, qu'ils soient supplétifs, militaires, anciens combattants, élus ou fonctionnaires, depuis l'hiver 1954 jusqu'au cessez-le-feu de mars 1962, soit un total de 263 000 hommes.

« Le sort de ceux d'entre eux qui n'ont pas pu gagner la France compte parmi les plus tragiques lors de l'indépendance de l'Algérie. »

LES MOTIVATIONS D'ENGAGEMENT AUX CÔTÉS DE LA FRANCE

En janvier 1961, le recrutement des musulmans a atteint son maximum de 60 000 harkis, 19 000 moghaznis et 8 000 GMS. Il arriva même, à l'époque, que l'armée française recrute quelques « enfants-soldats » de 16 ou 17 ans. Dans un pays où l'état civil n'était pas toujours bien tenu, l'urgence a fait qu'on n'y regarda pas de trop près.

Bien que leurs moyens de départ et leurs logiques de recrutement ne soient guère comparables, on peut se faire une idée de la dimension de « guerre civile » qu'eut aussi la guerre d'Algérie, à partir de ce constat : on estime qu'il y aura eu trois ou quatre fois plus de musulmans dans l'armée française que dans l'Armée de libération nationale (ALN). Pourquoi se sont-ils donc « engagés » si nombreux ?

La population d'Algérie était cruellement consciente des inégalités entre « Français de souche européenne » et « Français de souche nord-africaine », selon ces expressions de l'époque, si peu heureuses de nos jours. Il y avait la pauvreté, les enfants qui n'allaient pas à l'école. Et un système électoral tout à fait inégalitaire, avec ses deux collèges, l'un musulman (représentant 9 millions de personnes), l'autre européen (1 million de personnes). Une voix européenne valait alors neuf voix de musulmans. Cette formule fut remplacée en novembre 1957 par la loi-cadre de Robert Lacoste, instaurant le collège unique, qui fut mis en œuvre lors du référendum de septembre 1958.

Au tout début de la guerre, nombreux dans la population musulmane étaient ceux qui étaient acquis à l'idée d'indépendance parce qu'ils souhaitaient que leur dignité et leurs droits soient

En Kabylie, les harkis patrouillent avec les chasseurs alpins.

reconnus. Mais les méthodes violentes du FLN, passant par une politique de terreur, ont vite provoqué la lassitude dans une partie du « bled » et elles ont certainement favorisé l'extension des harkas et autres makhzens. La protection de sa famille contre la terreur qu'exerçaient les clandestins vient assurément en tête des motivations.

La fontaine Maaboul au centre d'Oran.

La deuxième cause d'engagement est un certain patriotisme pro-français (alors que l'idée nationale algérienne s'éveillait à peine dans certaines régions). « Je me bats pour la prospérité de mon village, la tranquillité de tous et l'avenir des jeunes dans une Algérie heureuse et française pour toujours », faisait ainsi jurer à ses harkis un capitaine en Kabylie. Un tel patriotisme fut notamment revendiqué par beaucoup d'anciens combattants des deux guerres mondiales. En 1914-1918, 176 000 musulmans d'Algérie avaient été engagés sous les drapeaux de la République. Entre les deux guerres, dix-huit régiments de tirailleurs et de spahis ont tenu garnison en France. En 1939-1940, 123 000 Algériens furent engagés en métropole, beaucoup furent faits prisonniers, et, en 1942-1945, 134 000 ont participé à la libération de la France. En 1953, à la veille de la guerre d'Algérie, une trentaine de bataillons nord-africains combattaient en Indochine.

Enfin, la motivation alimentaire – la « gamelle » – n'est sûrement pas à écarter. Dans la situation de pénurie de l'Algérie, rares étaient les personnes totalement désintéressées. GMS et moghaznis étaient engagés sous contrat renouvelable de six et douze mois et bénéficiaient d'avantages sociaux : allocations familiales, Sécurité sociale, congé annuel, logement, indemnités de déplacement, législation sur les accidents du travail. La solde des supplétifs de 7,50 francs par jour, payée mensuellement, fut portée à 8,25 francs en janvier 1959. À l'exception de soins médicaux, les harkis ne bénéficiaient pas de prestations sociales. Engagés sans contrat, ils pouvaient être licenciés sans préavis. En contrepartie, ils pouvaient quitter la harka à leur convenance.

Sauf qu'une fois « compromis » aux yeux du FLN par un tel engagement aux côtés des Français, ils n'avaient certes pas intérêt à le faire.

Saïd Benaisse Boualem, dit le Bachaga Boualem, chef de la harka de l'Ouarsenis, colonel de l'armée française et homme politique, dans sa tribu des Beni-doudouane.

INQUIÉTUDES, MENACES ET « GARANTIES »

Dès juin 1960, avec les premières négociations entre la France et le Gouvernement provisoire algérien, à Melun, une certaine appréhension sur leur avenir a commencé à se faire jour parmi les supplétifs. Le 23 juillet 1960, le chef d'état-major de l'armée de terre estime dans une note que leur moral s'est dégradé en raison des « inquiétudes qu'ils ont sur leur destin ». Six mois plus tard, les grandes manifestations indépendantistes de décembre 1960 suscitent de nouvelles réactions de crainte, alors même que la courbe des effectifs musulmans de l'armée française est en train d'atteindre son apogée.

La question de leur avenir avait été évoquée par les négociateurs des futurs accords d'Évian. Mais, en fin de compte, elle ne sera pas retenue dans le texte final. Les négociations menées par la France avec le FLN, du 20 mai au 13 juin 1961, avaient pourtant expressément stipulé des « garanties à négocier en faveur des musulmans fidèles à notre cause ». Le non-recours aux représailles avait été accepté en décembre 1961, à Bâle, par les représentants du FLN. Cette promesse ne figure plus dans le texte de l'accord de cessez-le-feu, le seul signé par les deux parties. Les accords d'Évian, le

Un harki armé monte la garde.

18 mars 1962, engageaient bien l'Algérie à « interdire tous recours aux actes de violences collectives ou individuelles ». Mais les « Français musulmans » ou Algériens qui avaient servi les autorités françaises n'y étaient plus explicitement cités.

Les menaces, pourtant, se firent de plus en plus précises, et certaines présageaient du pire. Ainsi ce tract du 7 juin 1961, à Grarem (Constantine), qui appelle naïvement à la vengeance : « Ceux qui ont travaillé avec la France, harkis, rengagés, autodéfenses, seront égorgés. Nous garderons les moins mauvais : non payés et soumis "comme des cochons", ils travailleront à votre place. » Ou encore ce procès-verbal de réunion de la Nahia 333 (découpage géographique), du 18 juillet 1961 : « Toutes les femmes qui décideront de se marier ou mariées déjà, avec les goumiers seront condamnées à mort. »

Ce type d'« avertissements » et d'appels au lynchage qui parcouraient toute l'Algérie – il est vrai au milieu des attentats de l'OAS – aurait dû laisser pressentir la tournure tragique qu'allaient prendre les événements vis-à-vis des harkis. Et cela, en dépit des déclarations officielles rassurantes de la direction du FLN ou des promesses lénifiantes de la France, comme ce tract diffusé par le commandement français en Algérie après le cessez-le-feu de mars 1962 : « Harkis ! Les combats ont cessé, la paix est revenue dans votre pays. Chacun de vous, avec l'aide de la France, pourra – si Dieu le veut – bâtir à son gré son avenir en Algérie ou en métropole. (...) La France est là pour vous aider. (...) Elle est prête à vous donner, pour peu que vous l'y encouragiez par votre travail : un emploi, un toit, des ressources. »

> 90 % des harkis ont partagé, un temps, cette illusion de sécurité et ont préféré le retour à la vie civile.

LES TROIS SOLUTIONS OFFERTES AUX HARKIS

Huit jours avant le cessez-le-feu de mars 1962, plusieurs solutions furent proposées aux harkis. La première fut l'engagement dans l'armée française pour les plus aptes. Elle a été, sur le terrain, extrêmement limitée. Certains témoignages d'officiers français ont fait état de l'opposition de leur hiérarchie lorsqu'ils ont voulu faire engager leurs harkis pour les protéger de représailles pressenties. Et les harkis furent parfois difficiles à persuader. Croyant dans les promesses de pardon du FLN, et cédant aux pressions de leur famille angoissée à l'idée de s'expatrier, 90 % des harkis ont partagé, un temps, cette illusion de sécurité et ont préféré le retour à la vie civile, deuxième choix que leur proposaient les autorités françaises.

Le retour au village était accompagné d'une prime de un mois et demi de solde par année de service (le solde d'un mois se montait à 22 500 AF). Mais une fois l'enveloppe en poche, les anciens harkis ont été soumis au règlement rétroactif des cotisations au FLN, non acquittées pendant la guerre, et calculées par mois de non-paiement. Les primes de licenciement ou de recasement ont été ainsi, en grande partie, récupérées par des cadres locaux du FLN. À Arris, par exemple, un document a montré comment « la prime de recasement fut payée à la sous-préfecture, en présence d'un représentant du FLN, auquel chaque harki reversait "spontanément" l'enveloppe qu'on venait de lui remettre ».

Il avait été également prévu que les harkis qui se sentaient menacés aient la possibilité de demander leur rapatriement, mais, au 15 mai 1962, il n'y avait eu que cinq mille demandes, familles comprises.

Submergés par une multiplicité de missions contradictoires, dans l'ambiance d'un dégagement anarchique et d'une extrême confusion politique, la majorité des officiers français ont « voulu croire » aux garanties et ont sous-estimé les risques.

Le *bordj* (petit fort) d'un makhzen dans la palmeraie de Brezina.

LE RAPATRIEMENT : DE LA PURE INTERDICTION À UNE EXTRÊME LIMITATION

Malgré les premiers témoignages de violences à l'égard des anciens supplétifs qui parvenaient à Paris, le gouvernement français, redoutant l'infiltration d'« éléments indésirables » parmi les harkis, cherchant à éviter des afflux massifs de réfugiés et donnant la priorité aux pieds-noirs qui submergeaient les ports de Méditerranée, a pris la décision d'interdire les initiatives de rapatriement.

Le télégramme, désormais fameux, signé le 12 mai 1962 par le ministre d'État des Affaires algériennes, Louis Joxe, évoque les « rapatriements prématurés de supplétifs », et ordonne : « Vous voudrez bien faire rechercher tant dans l'armée que dans l'administration les promoteurs et les complices de ces entreprises et faire prendre les sanctions appropriées. Les supplétifs débarqués en métropole en dehors du plan général de rapatriement seront en principe renvoyés en Algérie. » Et le ministre d'ajouter à son message frappé du tampon « TRÈS SECRET » cette précision qui met clairement l'accent sur la lutte contre l'OAS au détriment de toute action humanitaire concernant les « harkis » : « Je n'ignore pas que ce renvoi peut être interprété par les propagandistes de la sédition comme un refus d'assurer l'avenir de ceux qui nous sont demeurés fidèles. Il conviendra donc d'éviter de donner la moindre publicité à cette mesure. »

Bien sûr, ce texte « très secret » a aussitôt été publié par la presse, commenté par les députés à l'Assemblée nationale, déclenchant l'indignation dans l'opinion publique française. Ce qui a entraîné quelques revirements dans le gouvernement français.

Sur place, en Algérie, l'armée a atténué la rigueur des consignes restrictives des Affaires algériennes, et, parfois même, ne les a pas transmises. Le ministère des Armées n'a ainsi jamais prononcé de sanctions à l'encontre de ses officiers qui avaient pris des initiatives personnelles de rapatriement.

Le 1er juin 1962, le gouvernement a confié aux armées le soin de rapatrier certains moghaznis et leurs familles, soit cinq mille personnes. Dix camps de regroupement ont été mis sur pied dans le corps d'armée de Constantine, autant dans la totalité des autres corps. Limités initialement à l'accueil de sept mille personnes, ces camps ont alors été rapidement submergés. À compter du 12 juin 1962 seulement, des bateaux de la Marine nationale furent mis à la disposition de l'armée pour assurer ces rapatriements.

Embarquement à Bône de harkis rapatriés en 1962.

“ Le ministère des Armées n'a ainsi jamais prononcé de sanctions à l'encontre de ses officiers qui avaient pris des initiatives personnelles de rapatriement. ”

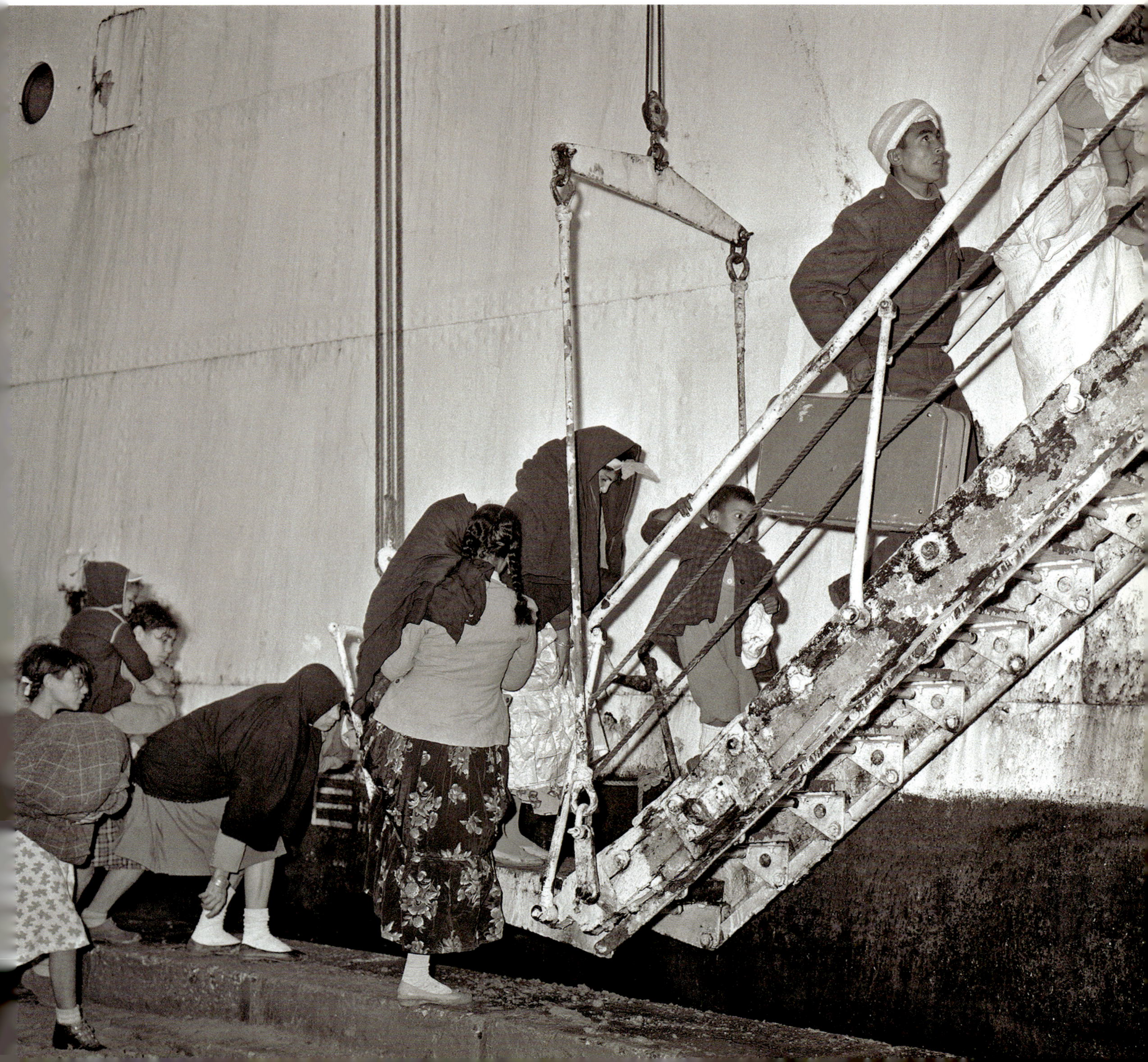

La place Roux le jour des massacres d'Oran, le 5 juillet 1962.

REPRÉSAILLES, MASSACRES ET CAMPS D'INTERNEMENT

C'est à partir du 6 juillet 1962, au lendemain de la proclamation de l'indépendance de l'Algérie, et surtout du 15 juillet, que débutent les massacres organisés dans pratiquement toutes les régions de l'Algérie. Les militaires sous contrat, dont plus de dix-huit mille avaient quitté le service en 1962, ont été relativement épargnés. En général, ils n'avaient pas été employés dans leur propre région. Ils ont souvent pu regagner discrètement leur village ou leur quartier. Il n'en a pas été de même pour les supplétifs.

« La chasse aux harkis » se poursuit, note l'état-major interarmées. Nombre des persécuteurs se recrutent parmi les « marsiens », ces Algériens attentistes, « indépendantistes de la dernière heure », qui, à partir de mars 1962, s'efforcèrent de démontrer leur bonne volonté au nouveau pouvoir. À la Nahia 3, on poursuit les « grands criminels ». Le 10 août, le colonel de la wilaya 1 déclare : « Les musulmans ayant collaboré avec la France (…) seront impitoyablement punis par le Peuple. Les supplétifs et leurs familles seront employés au déminage. » Le 28 août, la wilaya 2 donne l'ordre d'arrêter les anciens harkis et leurs enfants de plus de 12 ans et de les diriger vers le barrage (électrifié, établi entre l'Algérie et la Tunisie ou le Maroc) pour y participer au déminage. Pratiqué à mains nues, sans appareil de détection, ce déminage a causé de nombreuses victimes.

Quant aux supplices auxquels furent soumis les supplétifs, ils ont été décrits dans de nombreux ouvrages : « Émasculés, écorchés vifs, bouillis, mutilés, coupés en morceaux, écartelés ou écrasés par des camions, familles entières exterminées, femmes violées, enfants égorgés. »

Les historiens ne sont pas d'accord sur le nombre de harkis victimes de massacres entre 1962 et 1963. On a cité des chiffres allant de dix mille jusqu'à cent cinquante mille morts. Une évaluation plus précise reste aujourd'hui impossible. Un consensus tend à se dégager autour d'un total compris entre soixante mille et quatre-vingt mille harkis massacrés.

Le 19 septembre 1962, puis à nouveau le 13 novembre 1962, l'ambassadeur de France à Alger a adressé au gouvernement algérien des lettres de protestation contre les violences « qui n'ont pas cessé depuis deux mois » à l'encontre des anciens auxiliaires de l'armée française. « Il ne se passe pas de jour que l'on ne relève en différents points du territoire algérien des arrestations, des tortures, des exécutions », dénonce l'ambassadeur qui recense plus de sept mille anciens harkis détenus dans des camps d'internement des autorités algériennes, où ils subissent « des traitements particulièrement odieux ». On ne saura jamais combien de supplétifs ont été emprisonnés en Algérie après l'indépendance. Six mois plus tard, la Croix-Rouge comptait encore deux mille quatre cents harkis incarcérés dans les prisons des grandes villes. Elle estimait à treize mille cinq cents ceux qui étaient emprisonnés dans les nombreux camps de détention du pays.

En novembre 1962, une note de l'armée française dresse la liste de ceux qui continuaient alors à frapper à la porte de ses centres d'accueil :
« – les ex-supplétifs spoliés de tous leurs biens et condamnés au chômage par la population ;
– les ex-supplétifs libérés des camps de l'ALN, et en particulier ceux qui étaient employés au déminage sur les barrages ;
– les veuves et les orphelins, mis au ban de la société : pas de travail, pas d'école ;
– les familles réclamées par leurs chefs partis seuls en France, ou démunies de ressources car les mandats ne leur parviennent pas. »

Le sauvetage de supplétifs aurait nécessité une déclaration solennelle du gouvernement français invitant les Algériens à cesser toute exaction, et ordonnant à l'armée française encore présente en Algérie de retourner « dans le bled » pour assurer la protection de ses anciens combattants. Il n'y eut ni déclaration ni aucun ordre dans ce sens.

Outre les nouvelles normes diplomatiques vis-à-vis de l'Algérie, rappelons au passage que ce genre d'initiatives aurait aussi risqué de compromettre la poursuite des essais nucléaires français dans le Sahara. En vertu d'une annexe secrète aux accords d'Évian, ces essais se prolongèrent longtemps après l'indépendance.

“ Un consensus tend à se dégager autour d'un total compris entre soixante mille et quatre-vingt mille harkis massacrés. ”

> « L'accueil en France a été improvisé par l'armée, chargée au dernier moment du rapatriement. »

CAMPS DE TRANSIT ET HAMEAUX FORESTIERS

Vingt et un mille supplétifs ont été officiellement rapatriés en 1962, puis 15 000 en 1963, et encore 5 340 en 1965-1968 (familles comprises). Mais un grand nombre a rejoint la France par ses propres moyens.

Au final, 91 000 Français musulmans purent s'établir en France de 1962 à 1968, dont seulement 20 600 supplétifs (66 000 avec les familles).

L'accueil en France a été improvisé par l'armée, chargée au dernier moment du rapatriement, alors que le ministère des Rapatriés était débordé par l'exode des « Français de souche ».

Les premiers rapatriés furent ainsi logés sous la tente dans les camps de Larzac, Bourg-Lastic et Saint-Maurice-l'Ardoise, dans le froid et dans des conditions de confort très sommaires. Plus tard, des baraquements furent construits à Rivesaltes, les enfants scolarisés par des soldats instituteurs et les adultes formés à l'apprentissage des métiers manuels et aux tâches ménagères.

L'anthropologue Khemisti Bouneb a relaté les difficultés de l'installation : « Pour avoir vécu personnellement avec mes parents harkis dans différents camps, je pense qu'il y a eu une très grande exagération à propos de ces milieux fermés. Les chefs et les monitrices n'étaient pas des monstres ou des sadiques comme le prétendent certains ! Beaucoup ont accompli leur mission correctement.

« Parmi les dirigeants de ces camps, souvent d'anciens militaires pieds-noirs ou Français de souche, il y avait des gens formidables et dévoués qui ont eu envers les harkis et leurs familles des conduites tout à fait remarquables.

« Certes, ces camps n'étaient pas des hôtels trois étoiles ni des Club Med. Ils étaient constitués de baraquements rudimentaires et il y régnait une discipline stricte, mais ils répondaient aux exigences du moment, à savoir la prise en charge globale de familles rapatriées dans l'urgence. »

Les centres de transit ont été fermés à la fin de 1964, et les personnes malades, isolées ou handicapées ont été logées dans les centres d'accueil de Bias et Saint-Maurice-l'Ardoise, qui furent fermés en 1975 en raison des manifestations des enfants de harkis, fomentées de l'extérieur, selon la sénatrice Heinis, par d'anciens parlementaires musulmans.

Les harkis du commando Cobra escaladent les Ksours.

Aux cités se sont ajoutés une quarantaine de « hameaux forestiers » créés dans le sud-est de la France, comme le Logis d'Anne, où deux mille anciens harkis étaient employés à des travaux de reboisement et d'aménagement des forêts domaniales pour le compte de l'Office national des forêts (ONF). Leur isolement au milieu des bois pour les hameaux, la précarité des installations pour les camps n'ont pas favorisé l'insertion des harkis.

La construction par la Sonacotra de nombreux immeubles HLM réservés aux harkis, comme à Dreux, la création d'emplois industriels, puis les politiques d'insertion, parfois décousues, menées par les différents gouvernements, avec des rentes accordées à certains supplétifs, un statut des victimes de la captivité pour les anciens détenus, une aide aux veuves, ont peu à peu aidé à l'intégration des familles dans la société française.

« Une des plus grandes ignominies, une des plus grandes hontes de toute l'histoire de France. »
Maurice Allais

LE SILENCE

Dans les années de l'immédiat après-guerre, les harkis – confondus avec l'ensemble des Français musulmans – ont été les victimes d'une chape de silence. Silence de l'Algérie, qui a imposé sa vision d'un peuple unanime dans la guerre d'indépendance et dénonçant les harkis comme des traîtres indignes de vivre, que l'histoire a jugés et condamnés à jamais. Silence complice de la France, cherchant à oublier cette page peu glorieuse, voire honteuse, de son histoire et laissant s'installer la thèse des harkis « traîtres collaborateurs », sans s'embarrasser de nuances ni de la complexité de leur histoire. Silence, enfin, des Français musulmans eux-mêmes, qui ont refoulé leur mémoire, ajoutant leur propre mutisme à l'amnésie officielle de la France et de l'Algérie.

Les rares voix à s'être élevées en faveur des harkis méritent donc d'être signalées. D'abord, dès 1962, celle de Maurice Allais, prix Nobel d'économie, dans son livre *L'Algérie d'Évian*, publié par les éditions Jeune Pied-Noir. Le grand économiste dénonce un « véritable génocide » et un « crime contre l'humanité » dans « la politique mise en œuvre » qui « a débouché sur un bain de sang, celui de dizaines de milliers de harkis, au moins soixante mille à quatre-vingt mille et peut-être beaucoup plus… ». Il qualifie l'abandon des harkis par l'État français et les consignes données par les pouvoirs publics de n'effectuer aucun rapatriement massif de supplétifs d'« une des plus grandes ignominies, une des plus grandes hontes de toute l'histoire de France ». En 1999, dans une seconde édition de son ouvrage, il ajoute un « hommage aux officiers aussi clairvoyants que courageux qui, fidèles à l'honneur militaire et à l'encontre des instructions des auto-

Observation aérienne d'une zone rebelle.

Le fort Lamoune dans le quartier de la Marine à Oran.

rités, ont réussi à faire passer en France de nombreux harkis avec leurs familles ». Ces officiers méritent d'être appelés des « hommes d'honneur ».

En 1993, Dominique Schnapper, fille de l'intellectuel Raymond Aron, lui-même très tôt partisan de l'indépendance de l'Algérie, écrit dans la préface du livre *Et ils sont devenus harkis* de Mohand Hamoumou (aux éditions Fayard) : « L'épisode des harkis constitue une des pages honteuses de l'histoire de France, comme l'ont été l'instauration du statut des Juifs le 3 octobre 1940, ou bien la rafle du Vél d'Hiv le 16 juillet 1942. Bien des Juifs, dont je suis, souhaiteraient que, par un geste symbolique, les autorités françaises d'aujourd'hui reconnaissent la responsabilité de celles d'hier. »

De la part des autorités politiques, signalons, en novembre 1991, Jacques Chirac, alors président du Rassemblement pour la République (RPR), qui déclare à La Roque-d'Anthéron que la situation « indigne » de la communauté harki était à « inscrire au passif des gouvernements successifs » et que « tous les hommes politiques assument une responsabilité commune » en la matière. Le 31 mars 2003, alors président de la République, il promulgue un décret officialisant et instaurant une Journée nationale d'hommage aux harkis et aux autres membres des formations supplétives des armées françaises, le 25 septembre de chaque année.

En novembre 2011, Jeannette Bougrab, secrétaire d'État à la Jeunesse, fille de harki, fait acte de présence aux Invalides lors de la remise de la grand-croix de la Légion d'honneur par le président de la République, Nicolas Sarkozy, au commandant Hélie de Saint-Marc, 89 ans, légionnaire parachutiste, putschiste gracié. La ministre avait tenu à être présente « pour son père », « un de ces hommes qui se sont battus jusqu'au bout pour la patrie ». Un geste rare. Mais les harkis attendent encore la reconnaissance officielle de la responsabilité de la France dans leur abandon et leur massacre. ■

Harkis avant le départ en opération
en 1959.

chapitre 2

TÉMOIGNAGES

Atmane AYATA

harki
78 ans

Atmane Ayata est berbère chaouia et a vécu plusieurs vies.
1952-1954 : la plus dangereuse, quand il s'est engagé à 18 ans dans l'armée française en pleine guerre d'Indochine. Détenu dans des conditions extrêmes, lui, petit spahi de Batna, rentre au pays à l'automne 1954, mal en point, mais vivant.
1954-1962 : la plus dure, qui a commencé à peine trois semaines après son retour d'Indochine. Il signe son premier contrat d'une durée de quatre ans avec l'armée française en 1952 et devient harki en 1956.
1962-1963 : la plus triste, à partir du cessez-le-feu de mars 1962. Contraint de rendre arme et uniforme, il est soumis aux corvées, volé de sa solde, spolié de sa maison.
De 1963 jusqu'à aujourd'hui : il vit en France sa quatrième vie, la plus longue.
Atmane Ayata est de ceux qui n'oublient rien.

Harkis montés avant le défilé du 11 Novembre.

SOUVENIRS D'ENFANCE

Je suis né le 10 avril 1934 à Oued Labiod, dans les Aurès, au-dessus de Constantine. Mon père est né en 1880, dans une famille de paysans. Il a été garde forestier, travaillait sous les ordres d'un brigadier, pour le compte de l'administration française, et était hébergé dans la ferme attribuée au personnel du forestage. Comme il connaissait bien la montagne et savait où étaient les mechtas, il servait de guide. De temps à autre, c'est lui qui partait faire le bornage, inscrivant des repères sur les arbres ou les pierres pour distinguer le domaine public des propriétés privées. Mon père s'occupait aussi des vaches et des moutons du garde forestier. Ce qui lui valait de recevoir, en plus de son salaire, quelques terres et des bêtes.

Il a épousé ma mère en 1919. Au début de leur mariage, ils ont vécu tous deux dans la ferme administrative, c'est là que sont d'ailleurs nés certains de mes frères et sœurs.

Mon père avait quatre frères et quatre sœurs. Le plus jeune frère a été militaire en Algérie. Un autre a fait la guerre de 1914-1918. Mon père, lui, n'a pas été enrôlé, car il était devenu chef de famille à la mort de mon grand-père. C'est à ce moment-là que ma grand-mère et ses frères lui ont demandé de revenir à la maison pour aider à cultiver les terres de la famille. Ils avaient besoin de lui. Ma grand-mère lui avait dit : « Si tu restes à la ferme du garde forestier, on ne pourra pas cultiver ta part. »

Notre maison, à Afra, était, comme celle des autres familles de la région, isolée dans la montagne, et nos terres éparpillées. On passait d'un terrain à un autre, en fonction des saisons. C'était comme une transhumance. Au sud, où il faisait vraiment chaud, il y avait des dattiers et des palmeraies. En altitude, sur les versants sud de la montagne où les terres étaient très fertiles, le blé et l'orge. Du côté d'Arris, c'était plutôt maraîcher. On était beaucoup sur les routes. Entre Baniane et Arris, il y a une cinquantaine de kilomètres. Et pour monter à Afra, ou un peu plus haut, on parcourait une trentaine de kilomètres.

Ces terres faisaient vivre mon père et ses quatre frères. Mon père avait un métayer, ou *khamsa*, ce qui veut dire « un cinquième », parce que le métayer disposait d'un cinquième des revenus. Mais la famille n'était pas riche. Si, une année, la récolte ne donnait rien, c'était serré. Et personne n'a oublié les périodes de grande sécheresse. Mon père, ses frères, ses cousins vivaient de façon très simple. Toute la famille habitait dans la même maison. Les murs étaient en pierre, le toit, en terre et bois. C'était une suite de grandes pièces soutenues par des piliers plantés à trois ou quatre mètres les uns des autres. Chaque famille avait une pièce, d'environ 3 mètres sur 4. Il y avait une première pièce pour un frère, puis les piliers, une deuxième pièce pour un deuxième frère, les piliers, etc. La maison avait deux sorties sur une cour intérieure en bois fermée de clôtures. Mon père avait choisi cet endroit pour la source qui coulait juste à côté. Lui et ses frères avaient organisé une réserve d'eau pour tout le monde, qu'ils lâchaient le matin, et l'eau passait dans les jardins. On sortait les bêtes, et on labourait avec deux mulets, dont l'un nous appartenait et que nous prêtions à la famille et aux voisins. Une pièce lui était réservée dans la maison, car les hivers étaient rudes. On disait que, certaines années, il tombait de la neige jusqu'à en couvrir les arbres.

> « Personne n'allait à l'école, aucun enfant de la famille, ni ceux de nos voisins. [...] C'était un apprentissage oral. »

Un fellah au retour de la cueillette.

PETIT BERGER

C'est dans cette maison que je suis né et que j'ai grandi. Dans mes premiers souvenirs, j'avais 5 ou 6 ans, je gardais les chèvres, les moutons, une ou deux vaches. J'étais petit berger, comme tous les enfants de paysans dans les Aurès, je participais à la vie commune. Mon frère aîné labourait le terrain, moissonnait le blé, l'orge.

Personne n'allait à l'école, aucun enfant de la famille, ni ceux de nos voisins. Il n'y avait pas d'école d'ailleurs, à part une petite école coranique, où, plus tard, j'ai appris les lettres de l'alphabet arabe, mais sans savoir les rassembler. C'était un apprentissage oral. On nous donnait une sourate à apprendre, on rentrait à la maison, et une fois qu'elle était apprise, après deux ou trois jours, on retournait à l'école la réciter. Puis on passait à la suivante. L'école était très loin de la maison et elle n'était ouverte que tôt le matin, à cause de la chaleur. Il fallait partir la nuit. Donc, les tout jeunes enfants n'y allaient pas.

Je ne me souviens pas d'avoir connu de misère. Dans ma tête, je n'ai pas de peur. C'est pour ça que dans l'ensemble j'ai eu une enfance heureuse. En 1939-1945, je me rappelle les avions qui passaient dans le ciel. C'était le temps de la contribution des populations à l'effort de guerre, il fallait donner le blé. J'ai le souvenir de ces prélèvements, de l'impôt, de la perquisition des mules pour tirer les chariots. C'était sûrement dur, mais il me semble que ma famille et moi, nous n'en avons pas trop souffert. Plus tard, quand j'ai été prisonnier en Indochine, j'ai passé serein cette période, contrairement à mes camarades. C'est parce que ma jeunesse a été relativement dure que j'ai su m'adapter. Je suis resté dans ma famille toute mon enfance et mon adolescence. À 15 ans, j'ai commencé à labourer avec mon frère. À 17 ans, je labourais tout seul.

JE M'ENGAGE

À 18 ans et 4 mois, je me suis engagé dans l'armée française, contre l'avis de mon père. C'était le 16 septembre 1952. Je me suis presque sauvé de la maison. À plusieurs reprises, des gens l'avaient pris à partie parce qu'en tant qu'ancien aide garde forestier, il avait continué à travailler avec l'administrateur de la commune. Ces altercations m'avaient donné envie de m'engager. Mais surtout, je trouvais que l'uniforme présentait bien. J'avais vu des jeunes de 30-35 ans qui avaient fait l'armée, qui parlaient français, et qui étaient bien habillés, bien mieux que nous.

Un escarpement dans les Aurès.

> « À 18 ans et 4 mois, je me suis engagé dans l'armée française, contre l'avis de mon père. C'était le 16 septembre 1952. Je me suis presque sauvé de la maison. »

Quand ils rentraient en permission, chez eux dans les montagnes d'Arris, ils avaient de l'allure dans leur uniforme, avec leurs décorations.

Je me suis dit : « Pourquoi pas moi ? » J'ai pensé qu'en entrant dans l'armée je me trouverais tout de suite bien. Quand je suis parti pour me renseigner, à la caserne de Batna, j'ai dit que je voulais m'engager pour seize ans, j'étais prêt à signer pour cette longue période uniquement parce que je pensais que ce serait beaucoup mieux. Le recruteur a refusé. Pas seize ans. Ni quatorze ni douze. Je descendais de deux en deux. Je me suis arrêté à quatre. Je me suis engagé pour quatre ans.

Mon premier engagement a duré de 1952 à 1956. Je savais que la guerre avec l'Allemagne était finie, mais je ne savais pas qu'il y en avait une autre. Personne ne m'avait rien dit. Je n'ai compris que lorsque j'étais déjà intégré dans l'armée. Je n'étais pas le seul dans mon cas. Dans le bureau de recrutement, on me posait des questions, auxquelles je répondais comme je pouvais. Le recruteur parlait arabe. Et moi, je commençais juste à comprendre cette langue, qui n'était pas la mienne. À un autre engagé volontaire, qui, lui, parlait arabe, il avait dit : « Si vous vous engagez, vous gagnez tant », mais il n'avait pas parlé de guerre. À l'époque où je me suis engagé, des soldats passaient dans les marchés en camionnette pour recruter. Moi, j'étais allé directement à la caserne de Batna.

Une fois finis les préliminaires, le recruteur a donné un cahier au responsable, qui ne nous a pas parlé de guerre non plus. C'était un vendredi. Le lendemain, samedi, le responsable nous a emmenés voir le médecin, pour la visite médicale de routine. Le médecin ne nous a rien dit non plus. Je suis resté huit jours à la caserne. Jusqu'au vendredi suivant. C'est là qu'ils m'ont dit : « Vous êtes apte, vous prenez l'uniforme. » On m'a donné un paquetage au magasin, où tout était en double. J'étais content. Une semaine après mon arrivée, j'étais militaire : 2e classe dans le 1er escadron à cheval du 9e escadron de spahis algériens de Batna.

Après la sélection, j'ai appris comment répondre présent à l'appel, se mettre au garde-à-vous. La discipline, avec le responsable qui hurlait constamment, n'était pas tout à fait ce que j'avais imaginé. Et puis, un jour, ils nous ont dit : « Tous ceux qui partent en Indochine, il faut qu'ils se fassent faire des piqûres. » C'est comme ça que j'ai compris que je partais. Avec les vaccins.

Le 2 février 1953, j'ai été désigné pour faire partie de la maintenance infanterie d'Extrême-Orient.

DÉPART POUR L'INDOCHINE

Avant de partir, on m'a accordé quinze jours de permission pour voir mes parents. Quand je m'étais engagé, mon père était venu me demander de parler à ma mère. J'avais refusé : je ne voulais ni discuter avec eux ni sortir de la caserne. J'avais décidé de partir, un point c'est tout.

En arrivant à la maison, je me suis excusé d'avoir outrepassé leur autorité. Ma mère pleurait, mon frère pleurait, mon père, non, parce que c'est un homme. Je leur ai dit : « Si la santé est bonne, je vais revenir. »

Et puis, ça a été la préparation militaire : à Batna, puis Annaba, et enfin Arzou. On nous préparait de nuit, de jour, on nous disait : « Attention ! Il y a l'ennemi ! C'est le Viêt-minh ! » Ils ne disaient pas « l'armée vietnamienne », ils disaient « Viêt-minh ». Pour moi, la guerre avait déjà commencé. Je n'ai pas pensé à déserter. J'ai suivi. Et les autres étaient comme moi.

On est partis d'Oran le 1er mai 1953. Toute la compagnie avait été alignée devant le bateau, le *Pasteur*, au nom illustre, dont on disait qu'il gagnait l'« Indo » en dix-sept jours. Le général a prononcé un discours : « Celui qui regrette rentre chez lui, il sort des rangs. » Je n'ai rien dit. Ceux qui ne répondaient rien s'en allaient. Avec nous partaient la Légion, les Français, les tabors marocains à chevaux, quelques Tunisiens et des Mauritaniens. Un seul a refusé de partir, parce que son contrat avec l'armée allait bientôt s'achever.

On a navigué pendant vingt jours, en contournant l'Algérie, la Tunisie, avant de faire escale vingt-quatre heures, à Port-Saïd, en Égypte. Là, je me souviens que l'armée avait fait organiser un spectacle pour nous, avec des musiciens, des cracheurs de feu, un magicien. Il mettait le feu dans sa bouche et en retirait un foulard. J'ai bien regardé, je n'ai pas compris comment il s'y prenait. On a fait une autre escale au Yémen, puis à Djibouti, et une en Indochine, à Cap-Saint-Jacques, où on a été séparés en deux bateaux. L'un partait pour Saigon. J'étais dans l'autre.

Le 20 mai 1953, j'ai débarqué à Haiphong, au nord du Viêtnam. En arrivant, je n'ai eu qu'une seule pensée : comment ça allait se terminer ? Comment j'allais rentrer ? Je crois bien que les autres aussi pensaient la même chose.

« Le 20 mai 1953, j'ai débarqué à Haiphong, au nord du Viêtnam. En arrivant, je n'ai eu qu'une seule pensée : comment ça allait se terminer ? Comment j'allais rentrer ? »

DIÊN BIÊN PHU

J'ai débarqué le 20 mai. Le 21, j'étais affecté au 5e bataillon de marche du 7e régiment de tirailleurs algériens (V/7e RTA). De Haiphong, on nous a envoyés à Hanoi par le train. Après le train, on a pris des camions pour rejoindre notre bataillon au camp japonais. On devait relever le bataillon en place.

Au camp japonais, on prenait la garde à la caserne, qui n'était pas vraiment une caserne, plutôt des petites baraques. On était regroupés dans plusieurs camps, chacun d'une soixantaine de personnes, soit environ deux sections. Une compagnie se partageait en deux. Dans une compagnie, il y a quatre sections. Chaque section comportait trente à trente-cinq personnes. Donc, il y avait cent vingt personnes dans chaque compagnie, ce qui faisait soixante personnes dans chaque camp.

Dans mon camp, on était une cinquantaine, peut-être plus, sans compter le commandement. Un peu plus loin, une section était postée en protection. Nous, on faisait la garde la nuit et tous les matins, de bonne heure, on ouvrait les routes pour vérifier qu'il n'y avait pas de mines afin que le ravitaillement passe. Moi, j'étais pointeur sur mortier. Je prenais la pelle à mines pour retourner le terrain. De temps en temps, la pelle sonnait lorsqu'elle détectait du métal, je creusais, creusais, et parfois je trouvais des petits morceaux de fer. Dans ma section, personne n'est mort à cause des mines, mais je sais qu'il y en a eu dans d'autres compagnies.

Il nous arrivait aussi de partir en embuscade, mais assez rarement. Il n'y avait pas de front. Parfois, on quittait le camp pour patrouiller en montagne. Il n'y a pas eu d'accrochages au camp japonais. Nous sommes arrivés le 20 mai, avons défilé pour le 14 Juillet sur place, j'ai été nommé 1re classe le 1er octobre 1953, et nous avons été relevés à Noël.

Je suis arrivé à Diên Biên Phu, par avion, en janvier 1954. Le bataillon avait été envoyé pour prendre la ville. Le colonel de Castries, promu général à Diên Biên Phu, commandait. Il était accompagné de Geneviève de Galard, infirmière, surnommée l'« ange de Diên Biên Phu ». Au point d'appui Gabrielle, où a été affecté mon bataillon, on était neuf cents.

J'ai été affecté au bataillon des tirailleurs, sur la crête d'une petite montagne, dont les arbres avaient été rasés à cause des avions. On a construit des casemates pour se protéger, dormir, mettre nos affaires à l'abri, creusé des tranchées profondes tout autour et aussi à l'intérieur de Gabrielle, pour pouvoir circuler.

Deux mois plus tard, après deux jours de tirs d'artillerie et de bombardements, les Viêts sont entrés dans Gabrielle. Il y avait du brouillard, on ne voyait pas grand-chose. Eux connaissaient bien le terrain, ils voyaient bien. Nous n'étions pas positionnés en ligne, mais éparpillés. Ils se sont rapprochés et se sont infiltrés au milieu de nous.

On a été faits prisonniers dans la nuit du 14 au 15 mars. Quand il a fait jour, j'étais sonné, j'entendais mal, j'ai vu mes camarades sortir des tranchées. Ils n'avaient pas l'arme au poing, ils la traînaient. J'ai aperçu mon chef de bataillon, un lieutenant, lui aussi traînant sa carabine. Il n'y avait plus de commandement. Je me suis dit : « C'est fini, ça y est, ils sont là. » À mon tour, je suis sorti de la tranchée pour rejoindre les autres.

Les Vietnamiens nous ont dit : « Vous suivez. » On a suivi. Notre section au complet est partie dans la forêt, en montagne.

J'ai su plus tard que le décompte des prisonniers capturés à Diên Biên Phu s'était élevé à 11 721 soldats, dont seuls 3 290 ont été rendus à la France, dans un état de santé dramatique. 3 290 prisonniers squelettiques, exténués, dont moi.

CINQ MOIS ET CINQ JOURS

J'avais mes camarades à côté de moi, je n'avais pas peur. Je me disais qu'il n'y avait qu'une solution : suivre avec les autres. On est partis vers 7 heures du matin. Les uns portaient le ravitaillement, les autres, les blessés. Moi, je portais le ravitaillement.

Nous étions plus de trois cents prisonniers, en colonne, tirailleurs et gradés – notre chef de bataillon, le commandant de Mecquenem, était prisonnier avec nous –, Français, Algériens, Marocains, Tunisiens, Sénégalais, et deux troupes de Vietnamiens engagés du côté français.

Pendant un mois, nous avons traversé la jungle, en altitude, à marche forcée et de nuit. La journée, on dormait. Il fallait marcher vite pour s'éloigner des bases françaises et éviter les tirs d'avion. On avalait 45 kilomètres par jour en moyenne. Le matin, avant qu'il fasse jour, on organisait le ravitaillement. Les rations n'étaient jamais régulières, 20 à 30 kilos, pour trois jours, pour quatre ou cinq personnes. Le matin du ravitaillement, on faisait cuire le riz à l'étouffée au feu sur du bois sec. On mettait moitié riz, moitié eau douce dans des boîtes de conserve, et la mixture gonflait. Puis on plaçait le riz dans le bas des jambes de nos pantalons de treillis, et on les refermait. Ça faisait comme des boudins. Chacun portait ainsi sur soi son riz pour trois jours.

Durant ce mois de marche, on n'a eu que du riz à manger. Quand nous sommes arrivés au camp de prisonniers, on a planté des haricots, qui poussent vite là-bas. On faisait cuire le riz et les haricots ensemble, dans des bidons de goudron de 200 litres, comme si c'était une grande marmite. Chaque section avait la sienne. Parfois, on pouvait ajouter de minuscules portions de viande, canard, bœuf, poulet, cochon. La vie du camp tournait autour du ravitaillement. Il fallait manger pour survivre. Quant au travail, on se le distribuait par équipe. Moi, j'étais dans l'équipe de transport. Je suis sorti du camp deux fois pour chercher du sel. Il fallait aller

loin, ça durait plusieurs jours, on dormait dehors, on prenait le sel et on revenait au camp.

Dans ma baraque, il n'y avait que des Algériens et des Marocains. On portait tous des uniformes aux couleurs de l'armée vietnamienne. Les Vietnamiens n'ont pas été cruels avec nous. Ils ne venaient pas souvent chez nous. Parfois, le soir, ils nous montraient dans des films d'actualité ce qui s'était passé la semaine précédente. C'était des séances de propagande. On voyait les accrochages à telle ou telle place, sans savoir où ça se passait exactement, ni combien il y avait de morts. En revanche, ils nous disaient qu'ils avaient fait des prisonniers, pris tel ou tel secteur. C'était toujours en leur faveur.

Les premières libérations ont eu lieu le 19 août 1954. Moi, j'ai été libéré le 20 août. La France et le Viêt-minh avaient signé un accord d'échange général de prisonniers. On a été libérés par groupes de quarante-quatre à quarante-six prisonniers issus du même camp. On a rejoint le point de rendez-vous avec les Français, au bord d'un fleuve, à « Vitrin ». Au moment de l'échange, le chef vietnamien nous a fait ses adieux. Nous avons dû chanter une chanson vietnamienne, puis il nous a déclaré que nous étions désormais à la disposition de l'armée française. Les Vietnamiens ont procédé à l'appel de nos noms, et, un par un, nous avons été invités à nous placer du côté des militaires français. Pendant ce temps, les prisonniers vietnamiens sont descendus du bateau français, sont passés à côté de nous pour rejoindre leur camp. Les Français nous ont regroupés et fait embarquer dans une chaloupe. Destination Hanoi.

Au total, je suis resté en détention cinq mois et cinq jours.

À Hanoi, le général Vanuxem nous a accueillis, puis nous avons été hospitalisés. Il fallait nous réalimenter progressivement, on était tous tellement affaiblis. Ensuite, nous avons eu une semaine de repos au village de Hue, entre Hanoi et Saigon. Et enfin, le retour. J'ai loupé l'*Athos II*, car j'étais sorti en ville me faire soigner les dents. J'ai embarqué à bord du *Poincaré.* Je suis arrivé à Oran en septembre 1954, avec deux mois de permission.

Le 18 octobre, j'étais dans les Aurès, chez mes parents, dans la maison familiale d'Oued Labiod. Nos retrouvailles ont été très chaleureuses, ils avaient craint le pire. Le 1er novembre, le FLN a appelé le « peuple algérien » à rejoindre sa cause. La guerre d'Algérie avait éclaté.

Vallée du Rhumel dans le Constantinois.

HARKI

Il a fallu que toute la famille quitte notre maison isolée dans la montagne, et loin de toute route. On a déménagé à Afra pour se protéger. Et moi, je devais finir mon contrat de quatre ans avec l'armée. J'ai quitté le 7e RTA, un régiment des tirailleurs algériens, pour intégrer un régiment de chasseurs d'Afrique, le 9e ESA de Batna, l'escadron de spahis algériens.

À la fin de mon contrat en 1956, j'ai voulu me réengager. J'avais décidé d'être militaire de carrière, je voulais servir dans les blindés au 9e RCA. Malheureusement, dans ce régiment, il y avait eu un grand nombre de déserteurs, et l'engagement a été fermé. J'ai été déçu, mais je me suis fait une raison, et, sur les conseils d'un des fonctionnaires locaux, je suis rentré à Arris et suis devenu harki le 20 novembre 1956.

Je me suis marié quelques semaines plus tard, le 1er janvier 1957, avec Aldjia Messaouda. C'était un mariage traditionnel, on demandait l'autorisation aux parents. Ma femme et moi nous sommes installés à Arris. Notre harka n'avait pas de caserne, chacun rentrait chez soi après le travail.

J'ai participé à peu de combats en tant que harki. Il m'est arrivé d'accompagner des déplacements, de dormir deux ou trois nuits de suite

Présentation de spahis au poste de garde.

dehors. Bien sûr, il y avait des morts, des accidents. Un jour, un hélicoptère qui transportait huit personnes s'est écrasé. Tous les occupants sont morts. Une fois, j'ai été en mission de protection du colonel, dans les montagnes. Mais j'ai surtout travaillé comme garde-police en ville. On assurait la surveillance et la sécurité des récoltes de blé, ou des maisons. La guerre a duré sept ans. Pas un instant, je n'ai pensé à partir avec les fellaghas. Je voulais rester là, avec mes camarades, et défendre ma famille.

MARS 1962 : CESSEZ-LE-FEU

Le jour du cessez-le-feu, le sous-préfet a tenu un discours. Une trentaine d'hommes étaient présents, sur les cent cinquante de la SAS. « Mes enfants, nous a dit le sous-préfet, la guerre est finie. De Gaulle a donné l'indépendance à l'Algérie, mais on ne sait pas comment ça va se passer. Compte tenu des événements du Congo, le mieux pour vous est de rejoindre le FLN. Si c'est ce que vous voulez faire, je vous conseille de le faire tout de suite, de ne pas rester là à traîner dans le village. Vous posez les armes chez le capitaine, vous les laissez toutes dans le magasin. Ceux qui ne partent pas, ne restez pas isolés, soyez groupés. »

Le pont suspendu sur le Rhumel à Constantine.

> À la fin, ils m'ont emmené à la sortie de la ville, m'ont frappé avec leurs bâtons, m'ont ramené à la maison, ont pris mon képi de sergent, et sont partis.

Six personnes sont parties, avec leurs armes. Moi, je n'avais pas envie de partir. J'étais fatigué de la guerre. Je m'étais dit que si j'allais rejoindre le FLN, je n'étais pas sûr de revoir un jour ma famille. Ma mère était décédée, je vivais avec ma femme, mes enfants, mon frère et mon père. Je n'avais pas confiance dans le nouveau gouvernement algérien lorsqu'il promettait le pardon aux harkis. Je savais que celui qui s'était engagé dans l'armée française n'était pas excusé.

Après le discours, j'ai rendu mon armement. Pas l'uniforme. Puis le commandement algérien a dit : « Vous n'avez pas le droit de circuler en tenue militaire », alors, j'ai aussi rendu mon uniforme, sauf le képi ! L'armée a proposé aux harkis de revenir à la caserne pour effectuer des petits travaux, aider au déménagement. Chaque semaine, les chefs de section, dont j'étais, donnaient la liste des hommes qui voulaient travailler. Je savais que c'était très provisoire. Quand je rentrais chez moi, je disais à mon père et à mon frère : « Cette affaire-là, ça ne va pas. »

Quand on a reçu notre rappel de solde, de deux à trois mois, avec beaucoup de retard, les fellaghas nous ont confisqué l'argent. C'était une réquisition. Une punition. Puis, le soir de l'indépendance de l'Algérie, le 5 juillet, quatre jeunes sont arrivés chez moi, de nuit, armés de bâtons. Au début, j'ai cru que c'était des militaires, ils portaient un uniforme, et j'avais pris leurs bâtons pour des armes. Mais c'était des civils, des « marsiens », comme on appelait ceux qui s'étaient ralliés au FLN en mars, à la dernière minute. J'en ai reconnu certains.

Ils m'ont traîné de porte en porte dans la ville. « Madame, voici M. Ayata, est-ce que c'est lui qui a tué votre frère ? — Non, ce n'est pas lui. » « Madame, voici M. Ayata, est-ce que c'est lui qui a tué votre époux ? — Non, ce n'est pas lui. » Chez un ancien prisonnier : « Est-ce que c'est lui qui vous a frappé ? — Non, je ne l'ai jamais vu. » À la fin, ils m'ont emmené à la sortie de la ville, m'ont frappé avec leurs bâtons, m'ont ramené à la maison, ont pris mon képi de sergent, et sont partis. J'étais dans un sale état. Je suis resté alité pendant deux mois. C'est ma femme qui m'a soigné avec des cataplasmes. Mes blessures ont mis du temps à cicatriser.

Ensuite, j'ai été convoqué pour faire des corvées. Lors de ma première convocation, j'étais encore malade. Je suis allé à la suivante. Chaque mois, il fallait partir travailler par équipe pendant une durée de quinze jours. J'ai d'abord rejoint une équipe de maçons, puis je suis allé dans les bois. On n'était pas nourris. Il fallait apporter notre repas, ou rentrer chez soi à midi. Comme je n'étais pas payé, je vivais du ravitaillement distribué à la population. Ça a duré jusqu'à Noël 1962, début 1963.

On est restés comme ça un an à Arris. À dépendre de la charité publique, avec ma femme qui ne sortait de la maison que pour chercher de l'eau, tant elle avait peur. Comme on ne sortait pas beaucoup en ville, on ne savait pas exactement ce qui se passait. Entre harkis, on se parlait peu. Mais, autour de nous, on voyait des gens qui commençaient à partir. Je disais à mon père qu'il fallait partir aussi. Mais lui me répondait : « Non, on ne part pas, on verra bien. » Mon père se renseignait auprès d'autres personnes, qui lui répondaient : « Je crois que ça va s'arranger, mais on ne sait pas exactement. »

Retour des femmes de la corvée de linge dans le Rhumel.

LE DÉPART

Ma décision de partir a été prise lorsque l'armée française a quitté Batna pour Constantine. Ce jour-là, je n'ai rien dit. J'avais pris cette décision avec deux copains. Nous nous étions mis d'accord sur notre couverture : on allait au hammam de Biskra. L'un est venu avec moi. L'autre a dit qu'il nous rejoindrait plus tard avec les femmes. À Arris, on a trouvé une voiture pour Batna qui avait deux places libres, celle du boucher. J'ai payé 5 francs, mon camarade 4 francs parce qu'il était installé à l'arrière. À Batna, on est descendus à la gare. Là, un taxi allait à Constantine. Il emmenait des gars de Bouzina à l'aéroport et cherchait encore des passagers. Il y avait 60 kilomètres entre Arris et Batna, et 100 kilomètres de Batna à Constantine.

Le taxi nous a laissés place Telhoud, au centre de Constantine, un quartier que je connaissais. On a payé 5 francs chacun, et on a cherché notre chemin. Des drapeaux algériens flottaient à tous les coins de rue. Mais au loin, on a vu le drapeau français, c'était le 1er régiment de spahis algériens. Des camions militaires circulaient aux abords. On s'est adressés au poste de police du camp, et on a raconté qu'on venait d'Arris. C'était le 22 mars 1963.

Je suis resté au camp pendant que mon copain est reparti chercher nos femmes et nos enfants. Tous les jours, je voyais des familles entières arriver et beaucoup de gens se réfugier. La nuit, on s'entassait dans des chambres prévues pour deux ou trois personnes. Un soir, alors que le camp était plein à craquer, je suis sorti de la chambre me promener, et j'ai vu ma fille Zineb qui tenait la main de ma femme, et ma femme portait mon autre fille, Saliha, dans les bras. Elle avait pu partir à son tour, de nuit, avec mon camarade et sa propre famille. J'ai demandé où était mon fils, Slimane, 5 ans. Mon père, qui s'était opposé au départ de ma femme, l'avait gardé auprès de lui, il voulait le protéger. Il lui avait dit : « Ton père est à l'armée, tu restes avec moi. » Slimane est resté trois ans avec mon père. J'ai essayé de le récupérer à deux reprises, mais chaque fois, mon père s'y est opposé. C'est l'Assistance publique de Dreux qui l'a finalement rapatrié.

Avec ma femme, on a suivi le repli de l'armée. On a quitté le camp de Constantine le 12 avril, pour partir en camion militaire à Philippeville, où on est restés cinq jours, avant de repartir pour Annaba.

Quand le bateau a accosté, les militaires ont fait l'appel. À mon nom, ils m'ont donné une enveloppe : c'était mes papiers militaires que mon père avait fait acheminer.

Nous sommes montés à bord le 19 avril. Le 20 avril 1963, nous étions en France.

RIVESALTES-DREUX

J'ai passé un peu plus d'un an au camp de Rivesaltes. Il y avait beaucoup de familles hébergées là, venant des quatre coins de l'Algérie. C'était l'armée qui encadrait le camp, s'occupait du ravitaillement, des vêtements, du travail. On nous a d'abord affectés au village 1, celui des militaires, puis, quand j'ai suivi une formation, au village 10, celui des civils. Le village 6 était celui des militaires célibataires. Ma femme est toujours restée avec nos petites filles et moi. Nous avons eu notre quatrième enfant, Salah, à Rivesaltes, le 16 mars 1964.

Je ne me posais pas la question d'un éventuel retour en Algérie. Ma préoccupation première était de trouver du travail. Je ne pensais qu'à ça : le travail. Le 17 décembre, j'ai intégré la formation professionnelle adulte, l'AFPA, maçonnerie, puis construction. Elle a duré jusqu'au 25 juin 1964.

On n'avait rien. J'avais quitté Arris les mains dans les poches. Ma femme, partie de nuit, n'avait emporté que quelques affaires dans un sac et les changes pour le bébé. On n'avait même pas de valise. Quand on a quitté Rivesaltes, j'ai acheté des cantines militaires. On n'avait rien, mais on était

“ Je ne me posais pas la question d'un éventuel retour en Algérie. Ma préoccupation première était de trouver du travail. Je ne pensais qu'à ça : le travail. ”

heureux d'être en sécurité. En plus, au camp, j'ai retrouvé des compagnons et fait de nouvelles connaissances. Et je n'ai pas connu la misère ni le froid. Nous étions un peu à l'étroit dans notre logement, mais il était convenable. J'étais payé pendant ma formation, et l'armée me donnait le complément. Au village 1, j'ai retrouvé un adjudant qui avait été prisonnier en Indochine, comme moi. Je crois qu'il s'est occupé de mes papiers, parce que je n'ai jamais été convoqué comme les autres au tribunal pour opter pour la nationalité française. Mes papiers prouvant ma nationalité française m'ont été envoyés directement.

Il y avait aussi à Rivesaltes une antenne civile qui fournissait des informations sur des emplois ou des logements. C'est là que j'ai appris qu'à Dreux on pouvait trouver à la fois du travail et un logement dans les HLM Murger-Bardin. Quand l'antenne civile nous a demandé où on voulait s'installer, j'ai répondu : « À Dreux. »

On a été vingt familles à partir en même temps. L'armée nous a convoyés jusqu'à Dreux en train, via Paris. À la gare de Dreux, la commune nous a pris en charge en camions jusqu'au Murger-Bardin. Là, les familles ont été appelées l'une après l'autre par leur nom, un appartement ayant été attribué à chacune selon sa composition. Les clés ont été remises en mains propres au chef de famille. La Croix-Rouge a pris le relais, et nous a donné des meubles entreposés dans les caves des HLM. J'ai reçu un F4.

Nous sommes arrivés à Dreux le 29 août 1964, j'ai trouvé du travail le 3 septembre, et j'ai adhéré aux associations d'anciens combattants en octobre. ■

Lorsque M. Ayata a été embauché par la Ville de Dreux et affecté à l'entretien des espaces publics de la commune, en 1981, il a quitté son logement HLM pour acheter une maison, où la famille habite aujourd'hui encore. C'est là qu'en 1982 est née Rachida, la dernière de la fratrie. Les enfants Ayata ont poursuivi des études, très brillantes pour certains, et tous ont du travail.

Le père de M. Ayata est décédé en Algérie le 2 avril 1980, à l'âge de 100 ans, sans que son fils l'ait revu. Atmane Ayata est retourné en Algérie à deux reprises, voir la maison de ses parents. Son épouse y est aussi retournée de son côté, pour de courts séjours familiaux, ainsi que certains de leurs enfants. L'un et l'autre ont fait le pèlerinage à La Mecque. Lorsqu'il a pris sa retraite, les années passées sous les drapeaux lui ont été comptées, y compris lorsqu'il a été supplétif. Il bénéficie d'une pension d'ancien combattant, et des droits attachés à sa condition d'ancien prisonnier en Indochine. Une « carte de prisonnier du Viêt-minh », délivrée par le secrétaire d'État chargé des Anciens combattants et victimes de guerre, a été établie à son nom le 22 septembre 1999.

Dès 1965, M. Ayata s'est inscrit sur les listes électorales. Il vote lors de toutes les consultations et vient d'être appelé comme juré de cour d'assises.

Méchoui de la famille d'un harki
du commando Georges.

Maurice de Kervénoaël

« homme d'honneur »
75 ans

Issu d'une lignée de hobereaux bretons, Maurice de Kervénoaël a hérité d'une forte tradition militaire familiale : père officier de marine et sous-marinier, commandant une escadrille de sous-marins pendant la Deuxième Guerre mondiale ; grand-père général, ayant participé à la conquête du Maroc et fait la Première Guerre mondiale, pour ne citer que les générations les plus récentes.
En octobre 1957, Maurice de Kervénoaël intègre HEC où il passe trois années insouciantes. Partagé entre un minimum de travail et un maximum de soirées parisiennes entre jeunes gens de bonne famille, cet étudiant favorisé ne voit pas éclater la guerre d'Algérie.

Le sous-lieutenant de Kervénoaël en opération dans l'Ouarsenis.

Dans la famille, j'entendais parler de l'Algérie parce que j'avais un oncle pied-noir qui avait une très grande propriété de 4 000 hectares dans la Mitidja. Mais moi, je n'étais pas vraiment concerné. Puis, au fur et à mesure qu'on se rapprochait de la fin des études, le problème algérien a commencé à être plus présent. On apprenait qu'un copain d'une promo antérieure avait été tué, ou tel autre blessé. J'ai commencé à me poser un certain nombre de questions. Après le grand élan d'enthousiasme de 1958, on s'est assez vite demandé comment ça allait se terminer. Tout le monde subodorait qu'il y aurait une négociation.

À HEC, c'était la débandade. C'était « à qui n'irait pas », sur le thème : « Pas la peine d'exposer ses os pour une cause perdue. » Ça m'a choqué. Je me disais que, dans mon village en Bretagne, le fils de cultivateurs n'avait pas la possibilité d'échapper au service militaire. Et qu'étant privilégié je ne voyais pas pourquoi, moi, je n'irais pas. J'avais cette hérédité militaire, et, probablement, j'étais assez attiré par l'idée de crapahuter, de la guerre, du commandement.

Est arrivée la fin d'HEC, et ma convocation pour être rampant dans l'armée de l'air. J'ai été, de moi-même, trouver l'officier qui s'occupait du

> Les opérations de maintien de l'ordre en ville étaient difficiles parce qu'on intervenait de nuit dans des quartiers extrêmement gangrénés par le FLN. On arrêtait les gens, jamais les Européens, toujours les Arabes.

recrutement dans une caserne à Reuilly pour lui dire que j'aimerais partir en Algérie, aller me battre. Il m'a regardé comme si j'étais un débile léger et m'a dit : « J'ai cinquante demandes pour un poste comme celui que vous avez, vous êtes un privilégié, vous allez vous en mordre amèrement les doigts. » Je lui ai répondu : « C'est mon problème. Je suis orphelin de mère, mon père était officier, j'ai envie d'aller voir là-bas, je ne vois pas pourquoi j'irais me planquer, alors que beaucoup de jeunes ne peuvent pas le faire. » Il m'a dit : « Vous l'aurez voulu. »

Je suis parti en Algérie à l'appel de la classe 2B, en novembre 1960. J'avais 24 ans. À ce moment-là, il y avait des mouvements fomentés par la gauche et spécialement le Parti communiste pour empêcher le départ des trains d'appelés pour l'Algérie. On nous a embarqués de nuit dans des camions jusqu'à une gare désaffectée. Je suis parti caché, pratiquement clandestinement. J'ai trouvé qu'il y avait un certain humour à être volontaire pour partir et de se voir empêché de le faire.

Le voyage en bateau a été particulièrement pénible. Cette chère armée transportait ses troupes comme, aujourd'hui, on ne transporte pas du bétail. Tous les passagers vomissaient les uns sur les autres dans la cale. Mon arrivée à Alger par un soleil éblouissant a été un soulagement. J'ai été ravi que la cavalerie me coupe les cheveux, me mette un uniforme propre, que je puisse me raser. Et très vite, il y a eu les classes. Ça m'a beaucoup plu, on nous formait et l'entraînement physique était intense.

Au bout de deux mois, on a commencé les opérations militaires et on a eu des contacts avec la population civile d'Alger. On fouillait les ponts, les bus. Les opérations de maintien de l'ordre en ville étaient difficiles parce qu'on intervenait de nuit dans des quartiers extrêmement gangrénés par le FLN. On arrêtait les gens, jamais les Européens, toujours les Arabes. On les obligeait à poser les deux mains contre un mur, on les palpait sur tout le corps, y compris les femmes – avec un peu plus de délicatesse. J'ai très vite senti que la population indigène ne nous était plus acquise. On le sentait aux regards que nous jetaient les gens quand on les fouillait, quand on leur demandait leurs papiers. On le voyait dans la crainte, pour ne pas dire la terreur, dans laquelle vivaient les malheureux pieds-noirs. Ils portaient en eux leur départ, mais le vivaient dans l'angoisse.

Une harka montée avant son départ en patrouille.

Quelque chose m'a aussi énormément frappé à cette époque : avec nos fréquences militaires, on réussissait à attraper celles de la gendarmerie en opérations. Avec un petit poste radio, on écoutait Europe 1, qui disait : « Manifestations à Alger, quatre-cinq morts », alors qu'on entendait les bilans de la gendarmerie qui annonçait : « Quatre-vingts morts à Alger, lourdes manifestations. » Très vite, je me suis rendu compte – je l'ai écrit à mon père – que le départ de la France était inéluctable, toute la question était de savoir dans quelles conditions, et sous quel délai, mais qu'il ne fallait pas rêver : l'Algérie française était un leurre.

Comme je suis sorti dans les premiers de mon peloton EOR (élèves officiers de réserve), on m'a envoyé faire Saumur, en France. J'y suis arrivé très content, ça me plaisait bien. La plupart des EOR venaient des grandes écoles. J'avais l'avantage d'avoir déjà fait quatre mois de guerre, de connaître l'armée, de savoir ce qu'était d'entendre siffler une balle et de se battre.

Mais j'ai été rapidement très déçu par l'ambiance régnant dans la hiérarchie, avec des officiers pète-sec, ancien régime. Mon peloton était constitué à 90 % de gens très brillants. Mes meilleurs copains, Joseph Cuvelier, futur président d'Eternit, ou Yves Dauge, l'homme politique, étaient volontaires. Certains croyaient à l'Algérie française, d'autres non. Mais tous étaient prêts à faire leur devoir. On s'est heurtés à une espèce d'hostilité d'officiers pas très brillants, énervés par tous ces intellectuels que nous étions à leurs yeux. Il a vite régné une très bonne ambiance entre nous, mais une très mauvaise sur le plan militaire.

> J'avais à peine 25 ans quand je me suis retrouvé tout seul dans la montagne. Mon prédécesseur, un officier d'active, avait été exécuté par le FLN.

Plus tard, j'ai rencontré des officiers d'active, des guerriers du type Bigeard, ou le lieutenant que j'ai eu au-dessus de moi en Algérie, des gens qui aimaient le commandement, qui aimaient le risque, des gens absolument formidables. À Saumur, c'était des fonctionnaires de la chose militaire, passés par le moule ancien, et qui voulaient le reproduire, moule destiné à la masse que l'on conditionnait en brisant plutôt qu'en faisant adhérer. S'adressant à des intellectuels de relativement haut niveau, c'était contre-productif.

Une fois, avec Cuvelier, nous avons fait le mur, ce qui nous a valu d'être considérés comme déserteurs en temps de guerre. On a été envoyés en prison, et on nous a sortis de notre cellule pour nous exhiber sur la place d'honneur de Saumur. À cet instant, on s'est dit qu'on allait être dégradés, comme Dreyfus. Tout le monde était au garde-à-vous. On a entendu : « À genoux les hommes » ; alors, on s'est agenouillés. Puis quelqu'un a crié : « Debout les officiers » ; on s'est regardés, hébétés, avec Cuvelier, et on a compris qu'on était devenus officiers. À peine tombés dans les bras l'un de l'autre, un soldat est arrivé, baïonnette au canon, nous tapant sur l'épaule. « Mon lieutenant… » Je ne comprenais pas à qui il s'adressait. C'était à moi : « Veuillez

nous suivre, vous êtes aux arrêts de forteresse. » Là, on a foutu un joyeux bordel. J'avais ma guitare et, avec Cuvelier, on s'est beaucoup amusés.

Plus tard, le colonel qui commandait Saumur nous a convoqués : « Les garçons, vous avez fait une connerie, vous avez payé, mais vous avez du jus, ce sont des hommes comme vous qu'il nous faut, vous êtes capables de remettre en cause la hiérarchie, vous êtes capables d'être audacieux. Prenez des vacances avant de partir en Algérie, et montrez-nous le même courage au combat. »

Je suis reparti en Algérie en août 1961, rejoindre le 28e dragons. « Mon petit, m'a dit le colonel du régiment, avec votre nom, votre famille qui est connue dans l'armée, vous devez savoir monter à cheval, on va vous donner la harka montée. » C'est ainsi que j'ai été envoyé dans l'Ouarsenis, au sud d'Alger, une région très montagneuse, difficile encore maintenant, à Aïn Bir Bouch, un poste militaire isolé, avec trente harkis complètement démoralisés, vingt-cinq chevaux, et un douar de trois mille habitants.

J'avais à peine 25 ans quand je me suis retrouvé tout seul dans la montagne. Mon prédécesseur, un officier d'active, avait été exécuté par le FLN. J'ai appris que, quand il rentrait d'un combat où il avait tué des fellaghas, il avait l'habitude de leur couper les oreilles, de les enfiler sur un fil de fer et de s'en faire un collier qu'il s'accrochait autour du cou. Il défilait ainsi à cheval dans le village entouré de sa harka pour impressionner les habitants. Effectivement, le village était impressionné… Mais imaginez la haine d'une mère, d'une veuve ou d'une sœur, dont le fils, le mari ou le frère avait été tué, en voyant ce monsieur qui se promenait avec ses oreilles autour du cou. Il a été abattu par des fellaghas qui ont donné leur vie pour tuer ce type.

J'ai découvert que mes harkis n'avaient que des fusils de chasse à canon scié pour se défendre. J'ai passé trois jours difficiles… L'armée, qui avait peur d'une désertion, leur avait retiré toutes leurs armes. Ils n'étaient que trente, isolés dans la montagne, avec moi, jeune sous-lieutenant débarquant

Quelques harkis devant une école transformée en poste militaire.

En opération dans l'Ouarsenis, le sous-lieutenant de Kervénoaël effectue une liaison radio.

Un harki s'apprête à découper le méchoui.

avec ma guitare, et deux Européens, un jeune sous-officier et un palefrenier. Le colonel, toujours bienveillant, m'avait donné des manuels remontant à la guerre de 1914-1918 sur le combat à cheval. Je me suis plongé dedans, mais, au bout de deux jours, je me suis dit que je ne pouvais pas vivre comme ça. Alors, j'ai fait deux choses ; j'ai été voir le lieutenant commandant et je lui ai dit : « Ou vous m'armez avec des armes décentes, ou je ne retourne pas à mon poste, et j'avertis la presse. Je veux bien me battre, mais je veux me battre avec des grenades, des fusils et des pistolets-mitrailleurs. » Le lieutenant a tenu parole et m'a procuré un arsenal.

La deuxième chose, c'est que je me suis dit qu'on ne pouvait pas vivre dans la peur de la trahison. Mon poste était à la limite de ce qu'on appelait la « zone interdite », les montagnes de l'Ouarsenis. Les populations avaient été regroupées en bordure, et la montagne était entièrement vide. Dès qu'il y avait quelqu'un, on ouvrait le feu à vue. C'était un paysage absolument sublime, avec du gibier à foison parce qu'il n'était plus chassé. J'ai donc décidé de partir dans cette zone interdite avec une dizaine de harkis. Après avoir crapahuté toute la matinée, je leur ai dit : « Je suis fatigué, je dors. » J'ai posé à distance, exprès, mon pistolet-mitrailleur, et, ayant la chance de m'endormir à peu près n'importe où n'importe quand, je me suis endormi. Quand je me suis réveillé, nos rapports étaient transformés. Je leur avais fait confiance, et ils ne m'ont jamais repris la leur.

Je leur ai donné de la dignité, je les ai respectés, j'ai trouvé qu'ils se battaient merveilleusement et ils ont senti mon admiration. Mes harkis avaient une générosité qu'on n'a plus aujourd'hui. En opérations, dans le froid, la neige, ils se serraient contre moi pendant que je dormais, pour me tenir

« Quand je me suis réveillé, nos rapports étaient transformés. Je leur avais fait confiance, et ils ne m'ont jamais repris la leur. »

chaud. Un vieil harki à la retraite, qui avait fait la guerre de 1939-1945, s'était acheté un burnous, une *kachabia*, dont je lui ai fait compliment. Il l'a retirée pour me la donner. Ils possédaient la générosité caractéristique de la civilisation arabe et des Berbères de la montagne, une qualité humaine, un sens de la guerre, qu'avaient des familles comme la mienne, au XVIIIe et au début du XIXe siècle. Je me suis reconnu en eux.

Un jour, un grand chef religieux est venu en visite dans mon douar. Tout le monde savait qu'il était FLN et avait deux fils dans le maquis. Je lui ai dit : « Je sais que tes fils sont dans le camp opposé. Moi, je suis français, je sers mon gouvernement, mais je respecte ton combat, je respecte tes choix, je te demande de respecter les miens. » J'ai voulu rendre hommage à la figure religieuse qu'il représentait en organisant quelque chose qu'ils n'avaient plus fait depuis le début de la guerre : une fantasia. On a rassemblé toute la harka à cheval, je me suis mis en tête, on est partis au triple galop, debout sur les étriers, et, en arrivant devant lui, on s'est mis à tirer en rafale. Tout le douar était présent. Le FLN aurait pu en profiter pour nous tirer dessus. Il ne s'est rien passé de tel.

En mai 1962, quand nous sommes partis, j'ai découvert une cache FLN à un endroit où je me baladais à cheval tous les jours. Ils auraient pu m'abattre comme ils auraient voulu. Ils se sont probablement dit : c'est un officier correct, on sait ce qu'il y a eu avant, on ne sait pas ce qu'il y aura après, il respecte nos femmes, nos filles, il

Départ en opérations d'une harka.

« Ils possédaient la générosité caractéristique de la civilisation arabe et des Berbères de la montagne, une qualité humaine, un sens de la guerre, qu'avaient des familles comme la mienne, au XVIIIe et au début du XIXe siècle. Je me suis reconnu en eux. »

vaut mieux le préserver. Ils m'ont fait le cadeau de me laisser en vie. C'est vrai que, durant tout mon séjour en Algérie, j'ai fait mon métier, peu d'embuscades mais des grandes patrouilles, on passait des heures à cheval, on crapahutait. Je n'ai jamais eu de problèmes avec les harkis ni avec le douar. Très vite après mon arrivée, j'avais rassemblé les responsables du village pour leur dire : « Moi, je suis un officier, je fais la guerre selon les règles de la guerre. J'ai interdit le viol, la torture, le vol ; si vous apprenez des cas de ce genre, signalez-les-moi tout de suite, parce que je sanctionnerai. » En revanche, tous les matins, nous prenions une route plantée de mines. Alors, j'ai exigé une corvée de cinquante personnes – différentes chaque jour – qui marcheraient devant nous pour ouvrir la route. J'ai appris depuis que c'est une pratique interdite par les conventions de Genève, mais nous n'avons plus eu de mines.

De septembre 1961 à janvier 1962, j'ai vécu quelques mois très heureux, ça marchait bien sur

Un harki à cheval équipé pour le froid.

> Dans ma harka, la torture n'existait pas. Je n'ai moi-même pas pratiqué la torture. Je ne l'ai pas vue pratiquer à une énorme échelle, mais je l'ai quand même vue.

le terrain, les harkis étaient contents. Il n'y avait pas d'Européens, à part le sous-officier, le palefrenier et moi-même. On se battait contre d'autres Arabes. C'était une guerre tribale, une guerre médiévale. Les deux côtés, harkis et FLN, se connaissaient tous, ils étaient tous cousins, tous apparentés. Des guerres identiques avaient eu lieu chez moi, en Bretagne, entre villages, entre les pro-Anglais et les pro-Français. C'était un combat très humain, sur le terrain, dans une ambiance magnifique, une nature superbe. C'était une guerre d'hommes. Et j'ai aimé ça.

Dans ma harka, la torture n'existait pas. Je n'ai moi-même pas pratiqué la torture. Je ne l'ai pas vue pratiquer à une énorme échelle, mais je l'ai quand même vue. La première fois, c'était à Alger, quand j'étais seconde pompe, j'ai vu un type sortir de la torture, qui tremblait de la tête aux pieds, j'ai été terrifié. Ensuite, j'en ai vu d'autres. J'ai vu par hasard un type être noyé. J'ai ouvert une porte, je suis tombé dessus ; je suis ressorti, profondément choqué. Je sais que la torture se pratiquait dans certains régiments, dans certaines unités. Quand l'armée attrapait quelqu'un sur le terrain, elle cherchait très vite à lui faire dire où était posée la mine et où était postée l'embuscade. Mais la violence était beaucoup plus forte, et la cruauté plus présente, côté FLN que côté français.

Des harkis profitent du soleil devant le poste de garde.

Deux harkis prennent la pose...

« Les derniers mois se sont déroulés dans une ambiance de fin de règne. On sentait que l'indépendance allait arriver. »

Début 1962, on m'a confié le « commando du régiment », un ramassis de toutes les têtes fortes du régiment, habillées de tenues à la Bigeard, plus expérimentées que nous en termes de combat, plus casse-cou, mais têtes brûlées. Je me suis retrouvé avec cent huit hommes sous mes ordres. Une responsabilité de capitaine, plus qu'un commandement de sous-lieutenant de 25 ans. J'étais assez horrifié, il n'y avait aucune discipline et ils se comportaient comme des forbans.

Les derniers mois se sont déroulés dans une ambiance de fin de règne. On sentait que l'indépendance allait arriver. Les harkis commençaient à être très démoralisés. On a reçu des notes de l'armée nous disant qu'il fallait continuer à faire s'engager à nos côtés les populations civiles, ce qui les compromettait aux yeux du FLN. On leur prétendait qu'on allait rester, pour les amener à s'engager au maximum côté français. En demandant à un notable de s'afficher avec les officiers, on risquait de le condamner par la suite. Mais on ne connaissait pas l'avenir. Comme tout le monde, je croyais qu'on irait vers une indépendance progressive, qui se passerait bien. On pensait que les pieds-noirs pourraient probablement rester, que l'armée – présente encore longtemps – garantirait leur sécurité et celle des harkis, le temps d'une lente évolution conduisant à une indépendance à cinq ou dix ans. C'est ce que j'appelais de mes vœux. Je m'étais même dit que j'aurais peut-être fait ma vie en Algérie, parce que j'aimais les harkis et l'Algérie, qui me rappelait mon enfance au Maroc.

Une harka réunie autour d'un méchoui.

Personne n'avait prévu cette fin du monde qu'ont été les derniers mois. On avait gagné la guerre sur le terrain, il n'y avait presque plus d'exactions, on était les maîtres, le FLN était exsangue. Militairement, on tenait le système. Et l'indépendance est arrivée. Très vite, tout a basculé. J'ai réellement vu, en quelques semaines, après la signature des accords d'Évian le 18 mars, le système se déliter littéralement.

L'OAS a commencé à s'attaquer à certains Européens et aux musulmans qu'elle considérait comme traîtres, provoquant la riposte du FLN, indépendamment du conflit armé fellagha. Ça a brouillé les cartes. J'ai reçu des menaces de mort du FLN, ce qui me paraissait normal, j'étais officier français, je me battais contre eux. Mais, dans la même semaine, j'ai aussi eu l'immense surprise de recevoir une lettre de l'OAS, me disant que si je ne les ralliais pas, la seule sanction serait la mort.

« Très vite, tout a basculé. J'ai réellement vu, en quelques semaines, après la signature des accords d'Évian le 18 mars, le système se déliter littéralement. »

> « D'un seul coup, j'ai commencé à avoir peur des harkis et pour les harkis. »

Un jour, mon radio, qui s'appelait Odin, me dit : « Mon lieutenant, il y a un message pour vous. » C'était mon chef : « Kervénoaël, on a un renseignement de première catégorie. Tout un commando de l'OAS va passer à côté de chez vous. Vous êtes censé poser une embuscade, vous me comprenez. » Ça signifiait : « Ne faites rien. » Mon radio Odin était communiste. Je me suis tourné vers lui, je lui ai dit : « Tu as entendu ? » Il m'a répondu : « Merde, mon lieutenant. » Je lui ai dit : « Il va passer une troupe de quarante à cinquante Français, des anciens militaires, des officiers, des types qui ont déserté. On s'est battus à leurs côtés, est-ce que tu te sens d'attaque pour faire partie du commando, pour exécuter ces gens-là ? » Il m'a dit : « Non. » Je lui ai répondu : « Honnêtement, moi non plus. Tu es capable de fermer ta gueule ? — Oui, mon lieutenant. » On a passé un message disant que l'embuscade était en place. Et le lendemain, on a prétendu qu'on n'avait rien vu. En allant sur le terrain avec Odin, nous avons trouvé leurs traces, il traînait une boîte de cigarillos Panthère. J'ai appris par la suite que c'était Château-Jobert, un des grands chefs de l'OAS, et son état-major qui étaient passés là. Si j'avais monté une embuscade, j'aurais décapité une partie de l'OAS, je serais passé dans *Paris Match*. Je ne l'ai pas fait parce que je ne me voyais absolument pas tuer des hommes qui étaient encore à mes côtés deux mois auparavant, qui auraient pu être mes frères aînés.

Mirador de gué (« chouf »).

Avec le cessez-le-feu, j'ai vu ce qu'était une société qui se délite. D'un seul coup, j'ai commencé à avoir peur des harkis et pour les harkis. On devinait qu'ils étaient menacés. On supposait déjà qu'il y aurait des exactions commises à leur égard. De Gaulle avait dit que quiconque voulait venir dans l'armée le pouvait, et, dans les accords d'Évian, il avait été annoncé que tous les supplétifs qui souhaitaient rester dans l'armée française le pourraient.

Est arrivé un médecin-major de l'armée pour la visite médicale. J'avais cent huit hommes sous mes ordres et sur ces cent huit hommes, il devait y avoir soixante-dix-huit musulmans. Sur ces soixante-dix-huit, quarante étaient volontaires pour s'engager. Seuls deux ont été trouvés aptes à servir dans l'armée française. J'ai dit au médecin : « C'est inimaginable, ces types courent le djebel depuis des années, ils ont une santé de fer. C'est infâme. » Il m'a répondu : « Mon pauvre, j'ai des instructions. De Gaulle et l'armée ne veulent pas de musulmans dans l'armée française, on ne va pas ramener tous les harkis, il n'en est pas question, j'ai comme instructions de ne pas les prendre. Pour le principe, j'en accepte un ou deux, mais c'est tout. Ce sont les consignes ; je les applique. Si jamais je laisse passer, ils seront refoulés à l'échelon au-dessus. On n'en prendra pas dans nos régiments. »

Après le départ du médecin, mes harkis ont débarqué dans mon bureau et se sont mis à jeter leurs décorations sur ma table, en me disant : « Mon lieutenant, pour être égorgés et avoir les couilles coupées, je n'ai plus besoin des décorations de la France. » Ça a été un des moments difficiles de ma vie. Là, j'ai beaucoup réfléchi. Je me suis dit qu'il fallait que je trouve une solution. Je ne pouvais pas être déloyal envers mes harkis, ce n'était pas possible, j'étais responsable d'eux. Les conduire ailleurs en Algérie ? Le FLN les retrouverait. Les laisser débarquer à Marseille, avec femmes et enfants ? Mais où les loger ? Comment les nourrir ? Est-ce qu'ils n'allaient pas être refoulés ?

Avant l'embarquement pour la France, le sous-lieutenant de Kervénoaël et son berger allemand Elfi accompagnent les harkis jusqu'au grand départ.

installés dans les taxis, et ont filé à toute vitesse, avec la peur de tomber dans une embuscade destinée à « rattraper les collabos ». Le voyage, d'environ 200 kilomètres, s'est étonnamment bien passé. À Alger, les gendarmes ont été formidables et nous ont aidés à mettre tout le monde dans un bateau. À Marseille, mon beau-frère et son frère, ancien officier en Algérie, étaient là pour les accueillir et les emmener dans des camionnettes chez ma sœur. Ils devaient être entre trente-deux et trente-cinq au total. Quand ils sont arrivés chez ma sœur et mon beau-frère, ils étaient terrifiés ! Mais ma sœur, grande bourgeoise vivant dans un château des XVe-XVIe siècles, leur a ouvert le domaine.

J'ai quitté l'Algérie très rapidement, quelques jours après le départ des harkis. À Aïn Bir Bouch, le grand poste militaire a été fermé, comme l'école, l'infirmerie, et la harka tout entière. On m'avait ordonné de partir, toutes affaires cessantes : j'étais muté au 5e dragons, à Périgueux. J'ai passé une nuit absolument historique à Alger : c'était la « nuit bleue », quand l'OAS a fait sauter toute la ville. L'impression de fin du monde continuait. J'ai embarqué dans des conditions dramatiques. Des foules poussaient les grilles du port d'Alger, les gens terrifiés par les bombes de l'OAS et d'être égorgés par les fellaghas suppliaient qu'on les laisse partir. C'était des images d'exode.

Plus tard, j'ai appris ce qu'étaient devenus certains de mes harkis restés en Algérie. Un de mes sous-officiers, que j'aimais énormément, Hendi, avait été ouvrier en France. Il savait ce qu'était la vie en France, il avait refusé de me suivre, en me disant : « Mon lieutenant, je préfère mourir, l'Algérie, c'est mon pays. Ils me tueront parce que je suis un ancien fellagha qui a rallié, mais je veux rester. » Quelques semaines plus tard, il a été abattu d'une rafale, alors qu'il avait été arrêté et qu'il s'enfuyait. Mon régiment a été regroupé sur l'oued Chelif, dans la plaine. Certains officiers du régiment, revus par la suite en métropole, m'ont raconté que, tous les matins, quand ils allaient chercher de l'eau dans l'oued, ils retrouvaient une tête de harki décapité, posée à leur intention par le FLN. Un sous-officier que j'avais bien connu, un militaire extrêmement européanisé qui faisait tous les concours hippiques avec des bottes noires à parements rouges, a eu une fin atroce. Ils l'ont pris, lui ont coupé les poignets, les chevilles, l'ont enchaîné et promené dans les douars ; puis ils ont réuni tout le monde, ils l'ont gonflé avec une pompe à essence et ils ont mis le feu. ■

> « J'ai passé une nuit absolument historique à Alger : c'était la « nuit bleue », quand l'OAS a fait sauter toute la ville. »

Maurice de Kervénoaël n'a jamais été récompensé, il a même été un moment inquiété par une surveillance des Renseignements généraux.
Tandis que les familles harkis s'acclimatent à Sériège, il regagne Paris, entame une carrière chez Colgate-Palmolive, se marie.
Un matin, un jeune harki sonne à la porte de son appartement de Neuilly. C'était Mohamed.
À l'indépendance, il avait pris le maquis et vécu dans la montagne pendant deux ans en mangeant des racines, et en posant des collets.
Il avait réussi à trouver l'adresse de Maurice de Kervénoaël grâce à des gendarmes français, encore en poste à Alger, à qui il avait dit qu'il cherchait le « lieutenant Maurice au 28e dragons ».
Quelques mois plus tard, après plusieurs essais d'insertion dans des entreprises, le jeune harki a disparu.
À Sériège, les familles ont finalement quitté le domaine pour se rapprocher d'une communauté harki installée non loin par le capitaine Sénat, et, au fil des ans, se sont intégrées à la vie française. Leur lieutenant n'a jamais perdu le contact avec ses anciens harkis, à qui il rend visite de temps à autre.
Maurice de Kervénoaël a été directeur général du groupe Danone, il est vice-président du conseil de surveillance d'Hermès International. Il a écrit la saga de sa famille dans une série d'ouvrages, dont le tome III, ***La Toge prétexte***, consacré au récit de sa guerre en Algérie, a été publié en novembre 2005 aux éditions SAIG.

Évacuation d'un poste
après les accords d'Évian.

Opération d'un commando de chasse dans le djebel des Ksours.

Une mère et son enfant dans un centre d'artisanat en Algérie.

Aïcha Baziz

épouse de harki
83 ans

Aïcha se souvient du bonheur qu'il y avait à vivre dans les Aurès, et de la liberté dont jouissait sa famille, les Chaouaou, paysans berbères, isolés dans leur hameau de montagne. Ils ne percevaient la présence française qu'à travers la visite des services fiscaux ou des gendarmes chargés du recensement militaire. De nombreux membres de la famille Chaouaou se sont engagés pour la France ou ont été mobilisés en 1914-1918, en 1939-1945, ou pendant la guerre d'Indochine. Un jour, on a retrouvé le corps d'un de ses oncles, à qui la France avait confié des responsabilités administratives au village, égorgé, à la sortie du hameau. C'était en 1954. La guerre était arrivée dans le village d'Aïcha.

Bijoux berbères en argent du début du XXe siècle.

J'ai bientôt 84 ans. Mon prénom est Arbia, mais on m'appelle Aïcha. Je suis née à Aïn Roumia. Mon père, Mhend Chaouaou, et ma mère, Algia, étaient paysans, comme tous les habitants du hameau. Ils vivaient de cultures maraîchères, de blé, de palmiers dattiers, du miel, et faisaient aussi un peu d'élevage. On avait des moutons, des chevaux, des chèvres. On avait de tout, parce qu'il y avait de l'eau. Les conditions de vie étaient rudes, mais on était heureux parce que nous vivions dans la paix et de notre travail, malgré une longue période de sécheresse de six à sept ans, au début des années 1940, durant laquelle il n'a pas plu dans les Aurès.

Il n'y avait aucune organisation administrative, pas d'école – les gens n'étaient pas instruits. Bien sûr, on se posait la question de l'écart entre ce qui se passait à la montagne et ce qu'on voyait à la ville. Ce qui nous révoltait, en tant que paysans et cultivateurs, c'était la visite des impôts qui nous imposaient en fonction du nombre de bêtes, en fonction de nos terres, du nombre de personnes dans le foyer. On payait sans qu'il y ait de contrepartie. On donnait, mais on ne recevait rien. Le sentiment d'injustice était immense, mais sans désir de prendre les armes ni de révolte.

> Après le 1er novembre 1954, il a fallu prendre une décision, se mettre d'un côté ou de l'autre, faire un choix. C'était : « Si tu n'es pas avec moi, tu es contre moi. »

LE REGROUPEMENT DANS LA VILLE

Au début de la guerre, et même un peu avant, le village coopérait avec le FLN. Les familles nourrissaient simplement les rebelles, puis leurs exigences sont devenues de plus en plus grandes. À un moment donné, après le 1er novembre 1954, il a fallu prendre une décision, se mettre d'un côté ou de l'autre, faire un choix. C'était : « Si tu n'es pas avec moi, tu es contre moi. » Juste après l'assassinat de mon oncle, l'armée française a débarqué. Les militaires sont intervenus pour essayer de protéger la population. Notre village étant trop isolé dans les montagnes, ils avaient estimé que la seule manière de le protéger était d'organiser un regroupement. Celui-ci a été fait à Baniane, à trois heures de marche de chez nous. L'armée a déplacé tout le hameau, de sept ou huit familles. D'autres hameaux, à une heure ou deux de marche de Baniane, ont aussi été regroupés par l'armée française. Les familles d'Azmal, Eroubaï, Thalha, Hazlef, Alele, ont été déménagées en camions, militaires ou civils, quand il y avait une piste. Quand le chemin était trop montagneux, les familles sont parties par leurs propres moyens, sur des ânes et des chevaux. En deux mois, tout le monde a été rassemblé.

La situation n'était pas très claire, parce que, parmi nous, les uns et les autres avaient des opinions diverses. Dans une même famille, certains entendaient ce que disait le FLN, alors que d'autres en avaient plutôt peur ou savaient que, au sein du FLN, il y avait des bandits issus de tribus ayant des contentieux avec la nôtre. Il n'y avait pas les gentils d'un côté, les méchants de l'autre.

L'armée obligeait les gens à quitter leurs terres, alors qu'un paysan vit de sa terre. Sans terre, c'était la misère noire. Alors, certains se sont révoltés juste parce que l'armée les délogeait de force. Ils n'avaient plus de maisons, plus de terres, plus de ressources, plus rien à manger. Ils partaient par la force. Ils étaient pris entre le marteau et l'enclume. Les uns demandaient de la nourriture ou de l'aide à l'armée. Les autres n'en voulaient pas.

Nous qui vivions libres et heureux, dans de grands espaces où personne ne venait nous ennuyer, nous nous retrouvions tout à coup dans une grande incertitude.

MON MARI

Je me suis mariée en 1942, avec Ali Baziz, à l'âge de 15 ans. Sa famille habitait un hameau dans la montagne, distant de trois à quatre heures de marche d'Aïn Roumia. Les Baziz étaient des paysans comme nous, qui vivaient de cultures et d'élevage de moutons, de chèvres. Ils possédaient aussi des ruches.

Notre mariage avait été organisé par nos parents, comme tous les mariages chez nous à l'époque. J'ai eu une fille qui est décédée à l'âge de six mois, en 1944. Ensuite, ma fille Ourida est née en 1945. En 1946-1947, quand elle avait un an ou deux, mon mari s'est lancé dans le commerce, et nous nous sommes installés à Baniane.

Mon mari était un commerçant au sens large, c'est-à-dire transporteur-acheteur. La région était très grande, le transport était en lui-même un commerce. Il achetait des marchandises, des dattes par exemple, qu'il revendait ailleurs. Avec l'argent de la vente des dattes, il achetait du blé, qu'il revendait sur un autre marché, etc. Il transportait éventuellement des personnes.

Avant les événements de 1954, il travaillait avec les gens qui préparaient la révolution. Comme il avait un camion, il le mettait à leur disposition pour transporter de la nourriture, des armes, toute une logistique. Il s'était engagé, sans en mesurer forcément les conséquences. Mais il était pour l'indépendance de l'Algérie. Les choses sont devenues plus difficiles pour lui, au fur et à mesure qu'il a fallu prendre position. Mon mari n'était pas d'accord avec toutes les pratiques des gens du FLN. Alors, il s'est fait des ennemis. À plusieurs reprises, on l'a obligé à changer ses plans, à déposer ses marchandises pour transpor-

Un ancien combattant blessé à Verdun qui porte toutes ses décorations.

ter des hommes, des choses illicites. Un jour, il a refusé d'exécuter un ordre parce qu'il avait subi de trop grosses pertes financières. Des gens du FLN lui en ont voulu d'avoir osé s'opposer à eux. Le responsable local du FLN l'a mis en garde et lui a dit : « Tu devrais faire attention à toi, tu vas te faire tuer. »

Après cet avertissement, il a eu peur pour sa vie. En octobre 1954, il a quitté Baniane pour Arris, la grande ville, la sous-préfecture. Je l'ai rejoint une année plus tard, avec les enfants, Ourida, qui avait 9 ans, et Mohamed, notre fils né en 1954.

L'ENGAGEMENT

Après ces événements, la famille Chaouaou s'est retrouvée dans le camp opposé au FLN, ils s'étaient même armés pour se défendre. À Arris, mon mari a arrêté le commerce et s'est engagé dans les GMS, les Groupes mobiles de sécurité. Il l'a fait par peur, pour se protéger. Je ne sais pas si c'était un choix, si ce n'était pas plutôt un « non-choix » ; je ne sais pas si son engagement n'avait pas été imposé. Je ne suis pas capable aujourd'hui, pas plus que sur le moment, de dire ce qu'il en est. Je suis fataliste, je sais que les hommes sont ballottés par leur destin.

Dès qu'il a eu une maison, une petite maison d'une seule pièce, je suis allée le rejoindre. C'était à la fin 1955. Ensuite, nous avons eu une maison de trois pièces. Le 4 décembre 1956, mon mari a été très grièvement blessé. Lors d'un convoi militaire d'Arris vers Batna, le camion qu'il conduisait a sauté sur une mine, juste à la sortie d'Arris.

Un groupe avant l'embarquement en hélicoptère.

Un groupe de harkis du commando Cobra débarqués d'hélicoptère.

Dans l'explosion, un éclat de la mine lui est rentré par la fesse et lui a déchiré les intestins. Toute la partie gauche de son corps a reçu des éclats. Sa hanche a été brisée, la jambe déchiquetée, le genou complètement broyé. Il n'est jamais retourné se battre, ce n'était pas possible, il était devenu infirme.

Il est resté quatorze mois à l'hôpital de Biskra, et moi, je suis restée quatorze mois sans le voir. C'était trop difficile d'aller à Biskra, la distance était grande – une centaine de kilomètres –, les routes étaient minées, et il fallait sortir en convoi selon une procédure très compliquée. Ce n'était pas possible pour une femme d'organiser un tel déplacement avec des enfants. Seul mon beau-frère lui rendait visite, quand il y avait un convoi. Pendant quatorze mois, je n'ai donc eu aucune ressource. La solde de mon mari avait été bloquée par les autorités, parce qu'on ne donnait pas comme ça de l'argent à une femme. Ils supposaient que je pouvais me débrouiller. J'ai vécu sur nos économies, et j'étais soutenue par la famille et le voisinage – par exemple, un commerçant, ami de mon mari, me faisait crédit.

On vivait dans la peur. Il y avait des attentats commis en plein jour, à coups de couteau. Le FLN venait prélever l'impôt révolutionnaire, chercher de l'argent ou de la nourriture, et, quand les gens refusaient, il s'en prenait à eux. D'autres venaient pour voir leurs familles. Au cours de ces visites, il pouvait y avoir des accrochages avec les militaires.

« On vivait dans la peur. Il y avait des attentats commis en plein jour, à coups de couteau. »

Les harkis du commando Cobra apprennent
la géographie.

Contrôle des habitants
par des harkis.

Mon mari est rentré à la maison sur un brancard. Toute sa vie, il a gardé des séquelles importantes. C'est moi qui l'ai soigné, et qui me suis occupée à le remettre d'aplomb. Tous les deux ou trois mois, il retournait à l'hôpital de Batna ou d'Arris, ça dépendait de l'évolution de ses blessures. Il disait que, dans la mesure où il était encore vivant, c'était déjà bien, il pouvait s'occuper de ses enfants. Il disait aussi qu'avoir une femme dévouée était une bénédiction pour lui. Il s'était remis à marcher tout doucement avec une canne et une béquille. Mais, c'est moi qui l'ai habillé et qui lui ai fait sa toilette jusqu'à sa mort, en 1987.

On vivait de sa solde, puis, lorsqu'il a été radié de l'armée en 1961, de sa pension militaire. J'avais 28 ans. On était plus ou moins en sécurité vis-à-vis du FLN. Par exemple, une nuit, il y a eu un attentat dans le voisinage. Les gens du FLN ont jeté une grenade par la cheminée d'une maison, blessant des membres de la famille. En passant devant chez nous, les agresseurs avaient cogné dans la porte, pour nous réveiller. On a eu très peur. Mon mari, qui avait gardé son fusil à la maison, a tiré un coup en l'air pour prévenir les militaires qu'il y avait un problème, et les militaires sont intervenus. Voyant la situation se durcir, un ami de mon mari, le capitaine Glada, lui a donné un pistolet. Il l'a emporté ensuite en France, où les gendarmes le lui ont confisqué au cours d'un contrôle dans les années 1970. Il avait rendu son fusil au moment du cessez-le-feu, en 1962.

MARS 1962

Mon frère et mon beau-frère ont été tués en 1962 par le FLN, à la prison de Biskra, parce qu'ils étaient harkis. Mon autre beau-frère, le mari de ma deuxième sœur, a aussi été tué en 1962, d'une manière atroce, à coups de bâton, à Foum el Gherza, le barrage de Biskra. Lui aussi était harki.

Après l'indépendance, le nouveau pouvoir a dressé une liste de gens qui devaient quitter leur maison. Les harkis et tous ceux qui avaient un lien avec la France étaient sur cette liste et devaient payer leurs fautes. Tous ont été expulsés de chez eux, et on leur a confisqué leurs biens. La voiture de mon mari nous a été retirée. On a été chassés de notre maison. Pendant trois mois, on a habité dans une écurie.

Tous les gens du FLN n'étaient pas sur une ligne aussi dure. Grâce à des interventions en notre faveur, sur lesquelles je dois encore aujourd'hui rester discrète, on a réussi à récupérer une pièce de notre maison. Nous y sommes revenus vivre à partir de juin 1962, et on nous a rendu notre voiture. Cette période a été très confuse. Le nouveau pouvoir s'organisait peu à peu, mais difficilement. Certains voulaient se venger, d'autres pas du tout, et d'autres encore cherchaient à protéger leur famille. Pendant les sept ans qu'a duré la guerre, il y a eu des connivences de part et d'autre, des gens qui se sont aidés mutuellement. Il y a eu des solidarités, même envers ses « ennemis ». Ainsi, quand on était à Arris en 1958-1959, un de mes cousins, appartenant au FLN et dans le maquis, avait été blessé au cours d'une opération militaire, hospitalisé à Arris, puis emprisonné. Il fallait un garant pour qu'il puisse sortir. Mon mari s'était porté garant pour lui.

Après mars 1962, des conflits sont apparus au sein du FLN, ils en sont même venus aux armes. On vivait dans un climat d'insécurité à la limite d'une deuxième guerre civile. Beaucoup revendiquaient les biens de leur voisin. La peur était omniprésente. Heureusement que mon mari avait gardé le pistolet offert par l'officier – en cachette – parce qu'il était infirme. Sinon, comme tous les harkis désarmés par la France, il se serait retrouvé

> « Pendant les sept ans qu'a duré la guerre, il y a eu des connivences de part et d'autre, des gens qui se sont aidés mutuellement. Il y a eu des solidarités, même envers ses « ennemis ». »

Groupe autodéfense d'un regroupement.

complètement dépourvu, à la merci des autres. Il y a eu énormément d'exactions commises à Arris ; deux personnes de la famille Sisaïd, ainsi qu'un harki voisin ont été tués.

Cette période d'incertitude a duré six mois environ. Les hommes ont plus ou moins disparu pour éviter de se faire tuer, abandonnant leur famille pour se protéger. Certains sont retournés dans leur village d'origine. Deux cousins qui avaient été harkis dans une autre ville sont venus se réfugier chez nous, pensant qu'à Arris où on ne les connaissait pas ils risquaient moins leur vie. Mais des gens sont quand même venus les chercher. À plusieurs reprises, ils ont vérifié s'il était ou non dans sa maison. L'un des deux cousins était blessé. Je l'ai soigné, et nous l'avons caché à l'endroit où l'on met le bois pour le feu, derrière les bûches. Lorsque le FLN a fouillé la maison, il n'a rien trouvé.

L'armée française était encore présente à Arris, mais le nouveau pouvoir recherchait malgré tout les harkis. À Baniane, loin de l'armée, je sais qu'il y a eu vraiment beaucoup d'exactions. Au fur et à mesure que l'armée française se retirait, les exactions et les morts se multipliaient.

NOTRE DÉPART

L'armée française a quitté notre ville d'Arris en mai-juin 1962. On a alors décidé avec mon mari de rejoindre le camp de Tlarma, à côté de Batna, pour nous mettre sous la protection des militaires. C'était une grande décision pour nous tous, car on savait que, de ce camp-là, on partirait pour la France.

Pour moi, c'était clair : à partir du moment où on avait été expulsés de notre maison, je savais qu'il fallait prendre une décision. Je voulais mettre ma famille à l'abri. J'avais entendu parler de gens qui partaient pour la France, et j'ai pensé que c'était la seule solution. Un premier groupe de harkis d'Arris était parti avec l'armée en juin-juillet. J'ai insisté auprès de mon mari pour faire comme eux. Mais mon mari hésitait parce qu'il avait un frère, Ahmed, harki lui aussi, en danger à Baniane. Tant qu'il n'avait pas pu le mettre à l'abri au camp de Tlarma, mon mari ne m'a pas écoutée. Quand il a su que son frère avait rejoint le camp, on a pu partir à notre tour.

Une famille de harkis rapatriée d'Algérie s'apprête à effectuer ses premiers pas sur le sol français en juillet 1962.

> « Nous sommes donc d'abord restés bloqués à l'entrée. Ce qui était très dangereux, car des gens du FLN attendaient les harkis, et liquidaient froidement ceux qui étaient refoulés. »

C'était au mois d'octobre 1962. On a quitté la maison de nuit, à 3 heures du matin. Un cousin appartenant au FLN, beau-frère de celui que mon mari avait aidé pendant la guerre en se portant caution, a protégé notre départ. Il est allé en repérage à la sortie d'Arris, pour voir s'il n'y avait pas de surveillance. On est montés dans notre voiture, mon mari au volant, en emmenant une autre famille de harkis. Nous étions neuf : trois hommes, trois femmes et trois enfants. Soixante-dix kilomètres de route sinueuse nous séparaient de Batna. Par sécurité, nous avons pris un chemin détourné plus long, par la direction de Menâa.

Nous n'avions emporté que les vêtements qu'on avait sur nous, et deux tapis que j'avais tissés à la main. Je les ai toujours, d'ailleurs. On a laissé tout le reste, nos meubles, nos couvertures, notre maison entière. On cherchait à se protéger, on ne savait pas qu'on ne reviendrait jamais.

On est arrivés à l'improviste aux abords du camp vers 7 heures du matin. Tout le monde ne pouvait pas entrer. Il y avait des « passeurs » : des harkis, qui n'étaient pas dans le camp, aidaient les gens à entrer. Ils le faisaient par amitié, à cause de liens familiaux, ou pour de l'argent. Nous sommes donc d'abord restés bloqués à l'entrée. Ce qui était très dangereux, car des gens du FLN attendaient les harkis, et liquidaient froidement ceux qui étaient refoulés. On savait aussi qu'à plusieurs reprises la population avait tenté de s'attaquer directement au camp et de réclamer des harkis.

Un certain Bourdada, dans le camp, a reconnu mon mari et nous a fait entrer. C'était un camp militaire clôturé de barbelés, avec des tentes et des maisons. On était nombreux, peut-être plusieurs centaines de personnes. Tlarma était un camp de transit. Quand il y avait suffisamment de gens pour un transport, l'armée française emmenait le groupe vers Alger, ou une autre ville, pour embarquer ensuite vers la France. On y est restés un mois. La vie du camp tournait autour de deux choses : se nourrir et attendre. Les militaires nous ravitaillaient. Mais quelques-uns d'entre nous sortaient parfois du camp, sous la protection de l'armée, pour aller chercher de quoi améliorer le quotidien. Il y avait beaucoup de familles avec des enfants, des célibataires ; on a retrouvé des amis, et, bien sûr, mon beau-frère.

C'est avec lui, mon mari et mes deux enfants, Mohamed, 8 ans, et ma fille de 17 ans, que j'ai quitté le camp en novembre 1962. On a pris le bateau tous ensemble pour la France, au port d'Annaba.

LES CAMPS

On est arrivés à Marseille après trente-six heures dans les cales d'un bateau de marchandises, dans des conditions terribles. La Croix-Rouge nous a reçus à Marseille. C'est de Marseille que nous avons pris le train pour Saint-Maurice-l'Ardoise, dans le Gard.

Je me souviens de mon arrivée dans le camp. Il faisait très froid, et on était logés sous des tentes. C'était la misère. On pensait à ceux qui étaient restés : mon père aveugle, ma mère malade, mes sœurs veuves, et mes neveux orphelins de leur père. On était tristes, et je pleurais.

L'état de santé de mon mari s'était détérioré à cause du voyage. À son arrivée dans le camp de Saint-Maurice-l'Ardoise, il a dû être hospitalisé un mois. Les éclats qu'il avait encore dans le corps s'infectaient et ses plaies suppuraient tout le temps. On est restés huit mois dans le camp de Saint-Maurice-l'Ardoise. On a passé l'hiver 1962-1963 dans les tentes, puis les deux mois suivants dans les locaux préfabriqués. Au début, on se sentait soutenus. On nous a aidés à nous nourrir, et progressivement on nous a donné de l'indépendance pour qu'on puisse subvenir tout seuls à nos besoins. Certains pouvaient travailler à l'extérieur, comme ma fille qui est allée faire les vendanges. Les pieds-noirs qui s'étaient installés dans le Sud, non loin du camp, venaient chercher des personnes valides pour travailler. Les enfants allaient à l'école, où des instructeurs militaires leur faisaient la classe. Les parents trouvaient cet encadrement positif, les enfants un peu moins.

Vêtement traditionnel tissé par Aïcha Baziz.

À son retour de l'hôpital, mon mari était toujours malade, il était infirme. Il fallait l'aider à se lever, à faire sa toilette, à s'habiller, préparer le déjeuner, faire les courses. Pendant les six mois sous la tente, et les deux mois dans le préfabriqué, c'est moi qui me suis occupée de tout. C'était lourd, et j'étais malheureuse. J'ai beaucoup pleuré à cette époque, ça a marqué mon fils qui s'en souvient encore et qui m'en a longtemps parlé.

En juillet 1963, nous avons été transférés dans un autre camp, à Bias, dans le Lot-et-Garonne. C'était à Bias qu'étaient regroupés tous les invalides. On y est restés presque deux ans, jusqu'au printemps 1965.

Ce camp ressemblait aussi à un camp militaire, clôturé avec des fils barbelés, sous la surveillance de gardiens. Environ mille cinq cents personnes vivaient là, dans des grands bâtiments alignés, qui pouvaient loger dix à quinze familles. Avec mon mari et les deux enfants, on disposait d'une petite

Centre d'accueil de harkis dans le Sud-Ouest.

maison préfabriquée de deux pièces, avec toilettes et salles de bains communes au bâtiment. J'avais installé mes deux tapis, souvenirs d'Algérie.

L'école était organisée à l'intérieur du camp, par des instructeurs militaires. Mohamed y allait. Ma fille travaillait à l'extérieur du camp. Je me souviens que les paysans nous apportaient sur place des sacs de haricots, qu'on écossait, et qu'ils nous payaient à l'unité. De temps en temps, les gens du camp en sortaient pour faire les courses au petit village d'à côté, soit à pied, soit en voiture. Moi, je ne sortais pas, comme toutes les autres femmes, je ne parlais pas le français. Un jour, mon mari, qui ne pouvait pas travailler, en a eu assez d'être enfermé. Il a pris la décision de partir. On a quitté Bias en mai 1965.

UNE NOUVELLE VIE

En mai 1965, on est partis pour Grand-Couronne, en Seine-Maritime, où une cousine pouvait nous héberger. Trois mois plus tard, on a réussi à obtenir un appartement HLM. Le confort de notre logement, avec une belle cuisine et une douche individuelle dans la maison, les bonnes relations avec le voisinage, nos amis retrouvés, la proximité de la famille, Arabes et Kabyles unis dans l'exode : c'était bien. On a eu de la chance.

À Grand-Couronne, des constructions ont été affectées aux harkis : trois immeubles au 19, rue des Essarts et deux autres immeubles au 10, rue Pasteur. On était soixante-quinze familles, et à raison de trois ou quatre personnes par famille, ce sont environ deux cents personnes qui sont arrivées à Grand-Couronne. Une assistante sociale aidait les familles à s'intégrer. Entre nous, harkis, les rapports étaient cordiaux. Mais l'attribution d'autant de logements sociaux a fait grincer les dents dans la commune. La municipalité a consenti des efforts énormes pour nous aider et nous faire accepter des habitants. Il y avait quelque cent cinquante nouveaux enfants à inscrire à l'école, comme mon fils Mohamed, qui avait 11 ans.

« Entre nous, harkis, les rapports étaient cordiaux. Mais l'attribution d'autant de logements sociaux a fait grincer les dents dans la commune. »

> J'avais laissé mes sœurs et leurs enfants, mes parents. Pendant cinq ans, je n'ai pas su ce qu'ils devenaient, je n'ai eu aucune information.

On était bien, même si on vivait dans une certaine appréhension. Mon mari est mort en 1987. Jusqu'au bout, il est resté méfiant et a gardé une arme à la maison. On entendait parler de harkis qui se faisaient tuer, dans notre région comme ailleurs. J'ai connu la sœur d'un harki assassiné dans les années 1970, à l'hôpital d'Avignon. À Oissel, pas loin de chez nous, il y avait des frictions entre certains harkis et des émigrés algériens. Dans les usines, les syndicats soutenaient les émigrés, les harkis étaient rejetés. Parfois, c'était l'inverse : un ancien officier de l'armée devenu directeur du personnel d'une entreprise a ramené le calme en renvoyant un ou deux émigrés trop violents.

Pendant de longues années, on n'a pas eu de nouvelles de l'Algérie. Il n'y avait pas de téléphone, ni de lettres. Les seules nouvelles qui nous parvenaient du pays, c'était grâce à la radio, et grâce, parfois, à des gens de notre région qui arrivaient en France. J'avais laissé mes sœurs et leurs enfants, mes parents. Pendant cinq ans, je n'ai pas su ce qu'ils devenaient, je n'ai eu aucune information. Le premier courrier qu'on a reçu, d'un ami de mon mari, Abdel Aziz, nous a appris le décès de ma mère. C'était en 1970.

RETOURS EN ALGÉRIE

Je suis retournée en Algérie pour la première fois en 1975, accompagnée de la belle-mère de mon fils et d'un de ses cousins, travailleur émigré arrivé en France en 1970. Les douaniers et la police des frontières nous ont, à la belle-mère de mon fils et à moi, demandé de justifier le fait que nous possédions un passeport français. Notre

Harki en centre d'accueil.

réponse a été celle de femmes interpellées par un homme : « J'ai suivi mon mari. » Un cousin de la belle-mère de mon fils est intervenu et un policier l'a giflé… Nous sommes restés un mois lors de ce premier séjour. Mon père, âgé de 75 ans, était souffrant et mes sœurs s'occupaient de lui. J'ai voulu voir mon père qui était encore vivant. J'ai eu beaucoup de bonheur à le revoir, mais ce premier retour en Algérie m'a aussi causé beaucoup d'angoisse. La guerre, notre départ risqué étaient encore trop proches.

Lors de mon deuxième voyage en Algérie, en 1977, je suis revenue dans mon hameau d'Aïn Roumia et c'est comme si je retrouvais ma mère. Mon fils Mohamed m'avait accompagnée, la famille avait organisé une fête. C'était mon grand retour, au bout de quatorze ans d'absence. J'ai retrouvé tous les endroits de ma jeunesse. C'était fin juin, la terre avait fleuri et ça m'a bouleversée de revoir mon petit village blotti dans sa vallée entre deux montagnes, avec sa crique et son ruisseau très escarpé. Je suis allée sentir la terre à tous les endroits que je parcourais quand j'étais jeune et je me suis laissé envahir de souvenirs.

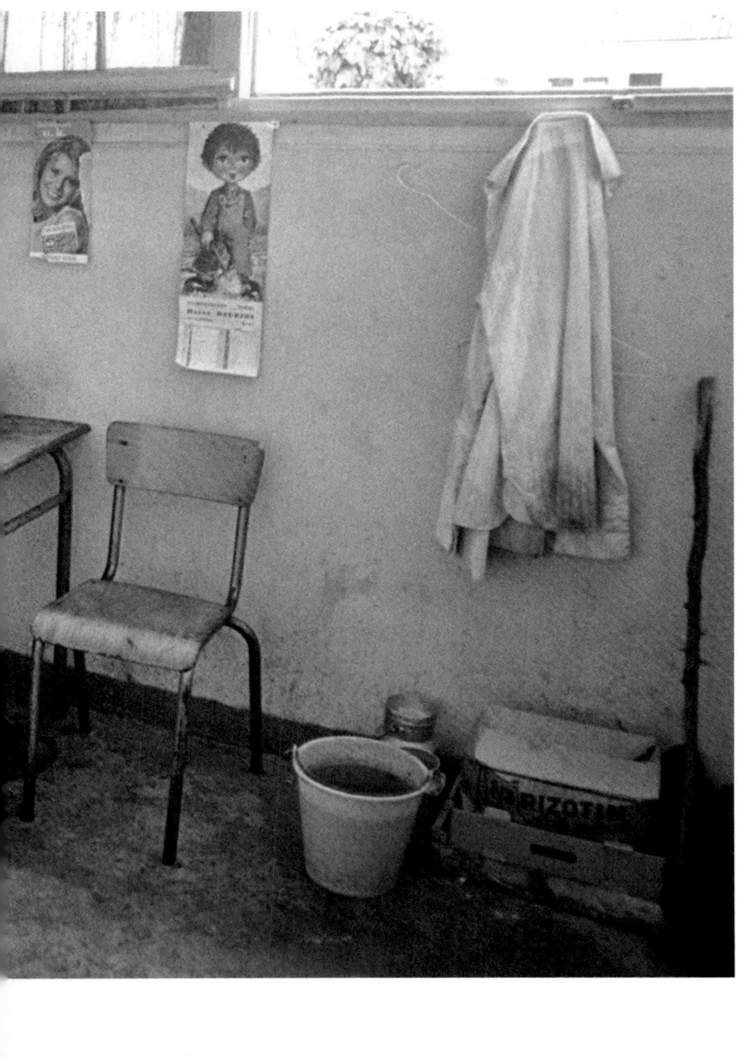

Je me suis rappelé un autre mois de juin, quand j'avais 9 ans. Il y avait des melons dans le verger. L'un était mûr, et je m'étais cachée pour le manger avec mes cousins. Mon oncle s'était aperçu de la disparition du melon et avait demandé aux enfants qui l'avait mangé. Personne n'avait vu le fruit. Seulement, j'avais encore une graine sur la joue… J'ai reçu la claque de ma vie.

Mes parents avaient deux maisons au hameau. La première servait de maison d'habitation, la seconde abritait nos troupeaux. L'une avait été détruite par un bombardement de l'aviation pendant la guerre, mais la deuxième était encore en bon état, même si elle n'était pas habitée. Les Chaouaou étaient revenus et avaient redonné vie au hameau.

Mon mari est retourné deux fois en Algérie, une fois de son vivant en 1985, et une fois mort en 1987.

En 1985, je l'ai accompagné, et nous sommes restés trois mois. Vingt-deux ans s'étaient écoulés, les choses étaient apaisées. L'accueil était familial, amical, tout le monde était content de nous voir. J'étais heureuse. Mon mari aussi était heureux, mais il n'était pas tranquille. Revenir si longtemps après, et avec tant de séquelles. Quand il sortait, c'était toujours accompagné et en famille.

> La guerre m'a traumatisée. Mes deux frères sont morts, sans que je les aie revus. Comme ma mère, que j'ai beaucoup pleurée.

À la douane, il avait été pas mal chahuté. Les fonctionnaires lui avaient fait subir un interrogatoire, et lui avaient posé des questions sur les motivations de son voyage, ses papiers, son état physique. Il a fallu que la famille fasse intervenir des appuis pour qu'il puisse passer la frontière, alors même qu'il était en règle. Mon mari en a pleuré. C'était un idéaliste, qui trouvait vraiment terrible que, vingt ans plus tard, il y ait encore tant d'injustice. Il regrettait finalement que la révolution n'ait pas servi à grand-chose. Il a ressenti beaucoup d'amertume de ne pas pouvoir revenir normalement dans son pays natal. D'autant, disait-il, que, « lorsque les cousins algériens viennent en France, ils sont accueillis chez nous de manière tout à fait normale ». Mon mari a été aussi très amer de voir que sa maison d'Arris était toujours occupée par une famille. Il n'a pas réussi à la récupérer, alors qu'il en était propriétaire. Il a été spolié. L'administration faisait tout pour ne pas permettre aux anciens harkis de reprendre possession de leurs biens.

Le reste de notre voyage s'est très bien passé. Les membres de la famille, harkis ou non, et même des gens et des cousins du FLN, les amis, les personnes qu'avait connues mon père et qui savaient ce qu'il avait fait pour eux auparavant, tous ont été très heureux de le retrouver vingt, vingt-cinq ans plus tard. Malgré les différents choix de chacun, une fois la guerre terminée, les liens familiaux et amicaux ont repris le dessus.

Mon mari voulait être enterré en Algérie. Il est mort en 1987 et a été enterré à Baniane, la terre de mes parents. J'ai fait moi aussi le vœu d'être enterrée auprès d'eux. En France, les concessions durent vingt-cinq, trente ou cinquante ans, et ensuite, les tombes sont reprises. Alors qu'en Algérie les tombes sont attribuées pour toujours. C'est l'assurance de la tranquillité, de l'éternité. Ce que je souhaite, c'est que, l'heure venue, mes enfants soient à leur tour enterrés à Baniane, près de leur père et moi.

MES ENFANTS

Ma fille Ourida s'est mariée en 1968, à l'âge de 23 ans, avec un jeune homme originaire des Aurès, comme nous, et qui était harki, comme nous. Elle a eu plusieurs prétendants qu'elle a refusés. C'était normal. Il travaillait comme docker dans une entreprise du port et a rejoint son frère qui habitait près de chez nous, rue Pasteur. La femme de ce frère avait un lien de parenté avec moi. À Grand-Couronne, les relations entre les familles commençaient à se retisser, et les mariages permettaient de renouer les liens. L'essentiel pour nous était que le futur mari de notre fille soit quelqu'un qu'on connaissait. Ils ont eu trois enfants, deux filles et un garçon. L'une est aujourd'hui mère au foyer, l'autre aide-soignante, leur fils est enseignant.

Je suis très fière de mon fils Mohamed parce qu'il a entrepris des études qui n'étaient pas forcément ouvertes à tout le monde, surtout il y a trente-cinq ans, au milieu des années 1970. En plus, il n'a commencé à être réellement scolarisé qu'à l'âge de 11 ans. Contrairement à ma fille, il a pu entreprendre des études secondaires et universitaires. Il est professeur agrégé et enseigne en classes préparatoires. Il est marié lui aussi, et a eu quatre garçons : l'aîné travaille dans l'immobilier, le deuxième est ingénieur, le troisième gardien de la paix et le dernier est postier.

Son épouse lui avait été promise alors que ni elle ni lui n'étaient nés. Ça a été un mariage arrangé, à la mode de chez nous. Alors qu'on vivait encore en Algérie, sa future belle-mère et moi-même nous étions engagées à marier nos enfants à naître. Et nous l'avons fait. Les parents sont associés au choix de l'époux et de l'épouse. Mes deux enfants ont accepté ces mariages avec leurs conjoints, ce qui nous apporte à tous une certaine sérénité. C'était nécessaire car j'ai beaucoup souffert. La guerre m'a traumatisée. Mes deux frères sont morts, sans que je les aie revus. Comme ma mère, que j'ai beaucoup pleurée. J'ai aussi pleuré pour les enfants de mes frères, restés orphelins en Algérie. Et pour les enfants de mes deux sœurs, dont les maris harkis avaient été tués. Elles n'ont reçu de pension, en tant que veuves d'anciens harkis, qu'en 1968, l'équivalent de 450 francs par trimestre, 5 francs par jour. Même pas un euro. Le prix de la reconnaissance de la France.

Dans les années 1970, nous avons quitté notre HLM. Nous avons accédé à la propriété. Ma fille et mon gendre ont acheté la maison à gauche de la mienne. Mon fils et sa femme, la maison de droite. En Algérie comme dans les pays du Sud, il existe un lien de filiation très fort. On l'a recréé en France. Je suis heureuse ici, j'ai mon fils, ma fille, mes petits-enfants à mes côtés. Toute la famille habite ici. Je me sens vraiment chez moi. Nos voisins, Français, Portugais, Espagnols, ont toujours été très respectueux de mon mari, infirme. Je suis croyante, au sens simple du terme, c'est-à-dire que je me soumets à mon destin. Mon souhait est que la paix règne entre les hommes et que ma descendance vive dans la sérénité et la tranquillité. ■

“ Je suis heureuse ici, j'ai mon fils, ma fille, mes petits-enfants à mes côtés. Toute la famille habite ici. Je me sens vraiment chez moi. ”

Des harkis pendant une opération militaire
au sud de Géryville, en octobre 1961.

Général François Meyer

« homme d'honneur »
79 ans

En 1493, le découvreur du Nouveau Monde, Christophe Colomb, avait refusé de laisser en otages quelques marins de son équipage échoué dans le port de Lisbonne :
« Il est de tradition, chez les amiraux de Castille, de choisir la mort plutôt que d'abandonner un seul de ses hommes. »
Cette réplique pleine de grandeur, le général François Meyer l'a faite sienne cinq cents ans plus tard.
En dépit des ordres, des obstacles et du danger, François Meyer, alors jeune lieutenant, a mis à l'abri en France, entre juin et juillet 1962, trois cent cinquante harkis, familles comprises. Non seulement il n'a pas abandonné ses hommes, mais encore il les a accompagnés le reste de sa vie durant.

Harkis et spahis au retour d'une opération en 1961.

« ENFANT DE LA GUERRE »

Je suis un enfant de la guerre. En 1940 – j'avais 6-7 ans –, j'ai vécu l'arrivée des Allemands et l'humiliation de la défaite. Mon père était officier, ingénieur dans l'armée de l'air, et quand l'état-major s'est replié sur Carcassonne, nous avons été, avec ma famille, sur les routes de l'exode. Nous avons traversé toute la France.

Deux mois plus tard, j'ai vu défiler devant le maréchal Pétain un bataillon de chasseurs qui rentrait de Narwik. On disait que c'était une victoire. Ils défilaient superbement ! Au fond, c'est à ce moment-là que j'ai choisi d'être plus tard militaire. À cause de l'humiliation de l'exode et du superbe défilé de nos chasseurs.

À cause de la Résistance aussi. Mes cousins en faisaient partie, et le frère aîné de mon père y a trouvé la mort.

Peu après, encore, le 24 août 1944, j'étais au bord de l'avenue de Paris, à Versailles, lorsque des jeunes soldats de la colonne Leclerc m'ont fait monter dans leur char. Puis ils sont repartis pour libérer Paris. Toutes ces images sont restées fortement inscrites en moi.

J'ai donc choisi l'armée par réaction, par sublimation. J'ai choisi de défendre mon pays.

Malgré mon âge, la France était importante pour moi. Vouloir la défendre et se sacrifier pour elle était une obligation naturelle. Tout simplement.

Dix ans plus tard, en sortant de Saint-Cyr, j'ai choisi la cavalerie par éthique et par goût. Il me semblait que, dans la cavalerie, on veillait plus qu'ailleurs à bien servir avec allure. C'était là que je préférais être officier.

Entre ma sortie de Saint-Cyr et mon arrivée à Saumur, nous avons tous fait un stage d'un mois en Algérie. C'était en août 1957. Des officiers dans ma famille m'avaient alors prévenu : « La France ne pourra pas rester en Algérie. Après l'Indochine, ce sera la décolonisation, et on partira du Maroc, comme de la Tunisie et ensuite d'Algérie. Malgré la présence des Français, malgré la présence des pieds-noirs. »

Ce que j'ai vu de cette guerre, en cet été 1957, m'a rapidement dégoûté. Je me disais : « Je ne vois pas comment on pourra faire autrement que de partir. Les Algériens nous détesteront. »

Durant toutes ces opérations de contrôle, j'observais le comportement des jeunes soldats français et de leurs officiers. Dans les villages, la nuit, les enfants hurlaient, les femmes ne comprenaient rien, et nous finissions par rudoyer tous ces gens qui ne comprenaient pas un mot de fran-

Le lieutenant François Meyer du 23e régiment de spahis, entouré de deux maréchaux des logis en 1960.

Le commando de chasse Griffon en opérations dans le sud de Géryville en 1961.

çais. Ou qui faisaient semblant. Après deux ou trois interventions de ce genre, la population ne pouvait que nous devenir hostile.

En 1957 et 1958, rentrés à Saumur, nous parlions entre nous de l'Algérie. Je n'avais plus aucune envie d'aller là-bas. Dans cette guerre, je ne voyais rien de noble qui méritât qu'on y risque sa vie. Parce que les populations nous étaient trop différentes, parce qu'on ne les respectait pas non plus. Mais en mai 1958, avec l'arrivée au pouvoir du général de Gaulle, j'ai été alors conduit à penser : « C'est peut-être l'occasion d'un renouveau. De Gaulle a sauvé tellement de situations par son énergie et sa ténacité. Il est peut-être capable de réussir… » Ainsi donc, je suis parti quand même. D'ailleurs, il n'était pas question de ne pas y aller. Ne serait-ce que pour l'exemple.

« J'ai rapidement pensé que l'Algérie française était malheureusement quelque chose d'impossible. C'était un rêve d'autrefois. »

23e SPAHIS

Je suis arrivé là-bas après les événements du 13 mai 1958. J'ai ouvert les yeux sur la réalité et j'ai rapidement pensé que l'Algérie française était malheureusement quelque chose d'impossible. C'était un rêve d'autrefois.

Le régiment auquel j'étais affecté était l'un des trois derniers régiments de cavalerie montée. Le 23e régiment de spahis. Dans mon peloton, j'avais à mes côtés un maréchal des logis-chef musulman et un maréchal des logis marseillais. Cela m'obligeait à considérer les musulmans, donc les Algériens, avec attention, à les connaître, et à me poser la question de ce qu'ils pensaient véritablement.

Nous étions basés dans la région de Saïda, la porte du sud, à Aïn el Hadjar. À nouveau, je me suis dit : cette Algérie française n'existe pas. Peut-être dans les villes du nord, Alger, Oran, ou dans les grandes exploitations du nord, mais dès qu'on considère le centre, tout est algérien. Il n'y a pas un nom de lieu, de montagne, de carrefour, ou de rivière qui ne soit pas un nom arabe. Tout le monde parle arabe. Et ils sont neuf millions, pour un million d' Européens. La cause est entendue, c'est un autre peuple.

> « J'étais peut-être plus proche des soldats algériens que des Français. Parce que c'est comme cela : celui qui vous donne entièrement sa confiance, son estime, cela s'appelle la fraternité. »

Les spahis s'étaient déjà battus, ils savaient ce qu'était la guerre. Européens et musulmans étaient ensemble dans les combats, dans les patrouilles. Mais dès qu'ils revenaient dans leurs cantonnements, les Européens vivaient entre eux, et les musulmans aussi. Une question de culture. Ils n'écoutaient pas la même musique… Mais je n'ai jamais vu de heurts. Ils combattaient ensemble, et la fraternité n'était pas un vain mot.

Risquer sa vie ensemble suscite un attachement profond. Plus tard, mes harkis me sauveront plusieurs fois la vie. Le brigadier Sebbih Kaddour, en 1960, et dans une autre occasion le brigadier Belabed. Tous deux n'ont pas hésité à s'exposer directement à ma place quand j'étais sous le feu de l'adversaire.

J'étais peut-être plus proche des soldats algériens que des Français. Parce que c'est comme cela : celui qui vous donne entièrement sa confiance, son estime, cela s'appelle la fraternité. Une fraternité humaine, qui n'a que faire des différences de culture.

On sait qu'en septembre 1959, le général de Gaulle fixera pour objectif politique la libre autodétermination des Algériens, et qu'en janvier 1960, il prescrira pour y parvenir d'éliminer l'armée du FLN. « Vous avez à liquider la force rebelle, etc. » Le 23e spahis n'avait pas de com-

Harkis du commando Griffon, au repos dans le fond d'un oued saharien, en 1961.

mando organisé. J'ai alors formé le commando Griffon, de spahis, de tirailleurs et de harkis, tous volontaires, afin de rechercher dans les montagnes les katibas de l'adversaire.

Mais dès juin 1961, le général de Gaulle a voulu négocier en passant à la vitesse supérieure, et il a prescrit une trêve unilatérale. Il ne fallait plus attaquer le FLN. Sauf dans des régions particulières comme les barrages et les zones montagneuses. Nous étions une de ces régions. Mais partout en Algérie les musulmans réalisaient la lassitude des Français, et du général de Gaulle. Le FLN avait gagné. C'était l'évidence. J'ai alors dissous ce commando de volontaires, fin juin 1961, et renvoyé chacun chez soi.

Commando harki du Géryvillois en 1961.

CONTINUER À COMBATTRE

Pourtant, à la demande du commandement opérationnel de Géryville, et les combats se poursuivant, j'ai reformé cette unité, considérée comme nécessaire. À nouveau, j'ai recruté des volontaires, mais en rappelant que l'objectif était maintenant l'Algérie algérienne du général de Gaulle. La France quitterait l'Algérie.

Ce nouveau commando d'une centaine de combattants, spahis et harkis de Géryville, englobait la harka du village de Bou Alam, venant à sa demande combattre sous mes ordres. Elle était directement commandée par le lieutenant Gilles Bernard d'Agescy, un jeune officier de réserve qui parlait l'arabe couramment. L'un de ses grands-pères avait été compagnon de Lyautey. Sa famille habitait le Maroc.

Avec lui, nous n'avons pris qu'un seul engagement avec les harkis : celui de rester avec eux à leurs côtés jusqu'à la fin des événements. Nous n'étions pas de ceux qui partiraient en les abandonnant. Nous ne partirions pas en cours de route. Nous serions toujours là, avec eux.

Dernièrement, en remettant à Gilles d'Agescy, au Maroc, la croix d'officier de la Légion d'honneur, je lui rappelai la règle qui fut la nôtre – elle est de Christophe Colomb : « Il est de tradition, chez les amiraux de Castille, de préférer la mort plutôt que d'abandonner un seul de ses hommes. » L'honneur de commander s'inspire de cette règle.

Harkis et spahis du commando Griffon à Bou Alam, en 1961.

DÉTÉRIORATION ET LASSITUDE

Pendant toute l'année 1961, nous avons connu la détérioration psychologique, l'angoisse naissante, la lassitude du général de Gaulle et des Français. On voyait bien l'inutilité de l'armée qui livrait bataille.

On continuait pourtant de combattre, les embuscades et le terrorisme FLN continuant d'agir, mais on avait bien conscience d'un abandon prochain. L'information officielle ne faisait état que de négociations. Les opérations s'enchaînaient bien encore, mais le moral était soumis à une rude épreuve. Les combats se sont ainsi poursuivis jusqu'en février 1962.

Nous n'imaginions pas la réalité des accords d'Évian, le retrait de l'armée française et l'arrivée des forces de l'ALN. Le général de Gaulle avait décidé, il fallait obéir, mais, pour les musulmans engagés sur place, c'était la pire des trahisons.

En Algérie, les effectifs de l'armée diminuaient. Les troupes commençaient à quitter les différents postes. En 1960, il y avait cinq mille cinq cents implantations de l'armée. Début 1962, il n'en restait plus que cinq cents. Entre janvier 1961 et janvier 1962, un tiers des harkas avait disparu. En janvier 1961, les harkis étaient soixante mille. Ils n'étaient plus que quarante et un mille début 1962. Quand on démobilise, on désarme. Les harkis, toujours menacés, n'avaient qu'une appréhension, c'était d'être désarmés. C'est le désarmement qui a provoqué les désertions désespérées.

« Nous n'étions pas de ceux qui partiraient en les abandonnant. Nous ne partirions pas en cours de route. Nous serions toujours là, avec eux. »

Spahi du commando Griffon en opérations, en 1961, dans les monts du Ksour.

Il y a eu alors une désertion significative capitale dans la harka de Bou Alam. Il n'y avait jamais eu de désertions, depuis 1956 ! Le soir du 6 mars 1962, à 21 heures, trois sous-officiers, anciens ralliés de 1960, et trois jeunes harkis à leurs ordres partent en emportant l'armement de leur poste de garde. Ils avaient pris contact avec quelques derniers combattants de l'ALN qui étaient venus les attendre dans la nuit.

Peu après leur arrivée à la katiba, ils seront mis à mort. On l'apprendra quelques jours après. Les trois jeunes harkis ont été égorgés, les sous-officiers ont été suppliciés. Ahmed ben Tifour, leur chef, a été découpé. Progressivement. D'abord un doigt, puis un autre, et la main, le bras… Tous les jours, on lui enlevait quelque chose. C'est ainsi qu'il a été mis à mort.

Le commandement militaire a, lui, surtout voulu récupérer les armes perdues. Le colonel commandant le secteur opérationnel à Géryville a réuni aussitôt un état-major, des commandos de marine, des légionnaires, et m'a donné l'ordre de partir en tête le lendemain matin à 5 heures sur les traces des fuyards. À ce moment, j'ai refusé. Je ne ferais pas se battre des pères contre leur fils, des familles entre elles… Silence ! Mon voisin s'est alors tourné vers le colonel en disant : « Je prends la mission de Meyer », ajoutant à mi-voix : « Ne t'inquiète pas, on ne les retrouvera pas. » C'est ce qui le lendemain s'est passé.

Harki au PC du commando Griffon en 1961.

Ce voisin était le lieutenant de vaisseau Cucherat, il commandait un commando de marine, et dès la fin de l'opération de recherche, il est passé à l'OAS. Plus tard, devant le tribunal, il a expliqué : « J'ai rejoint l'OAS quand j'ai vu la fin des harkis du commando Meyer. » Aujourd'hui, je sais qu'il est religieux et vit dans un couvent en Italie.

> « À ce moment, j'ai refusé. Je ne ferais pas se battre des pères contre leur fils, des familles entre elles... »

Un spahi et un harki du commando Griffon.

> « Quand un harki faisait connaître qu'il voulait partir, il courait le risque d'être assassiné comme traître. »

VOLONTAIRES POUR LE DÉPART

Dix jours après la désertion, le 16 mars 1962, la harka de Bou Alam a été dissoute et désarmée. Sur l'ordre du colonel commandant à Géryville. Les harkis, ayant le sens inné de l'honneur, ont accepté la mesure. Le pacte de la confiance avait été rompu par les déserteurs. C'est ce qu'ils ont dit, et ils sont restés dans leur village, auprès du poste militaire. Et le 18 mars, ils ont appris comme tout le monde les accords d'Évian, le départ de l'armée française et l'arrivée de l'ALN, en armes.

Cette harka était composée d'une centaine de combattants. Mais la communauté, avec femmes et enfants, regroupait environ six cents personnes. Seuls trois cents m'ont demandé de partir pour la France, et c'est avec eux que je suis moi-même parti.

Au début, deux, trois, quatre familles sont venues me voir, plus ou moins discrètement... Tout a commencé ainsi.

Très vite, j'ai été convoqué par le colonel commandant à Géryville. Il m'a déclaré qu'ayant été

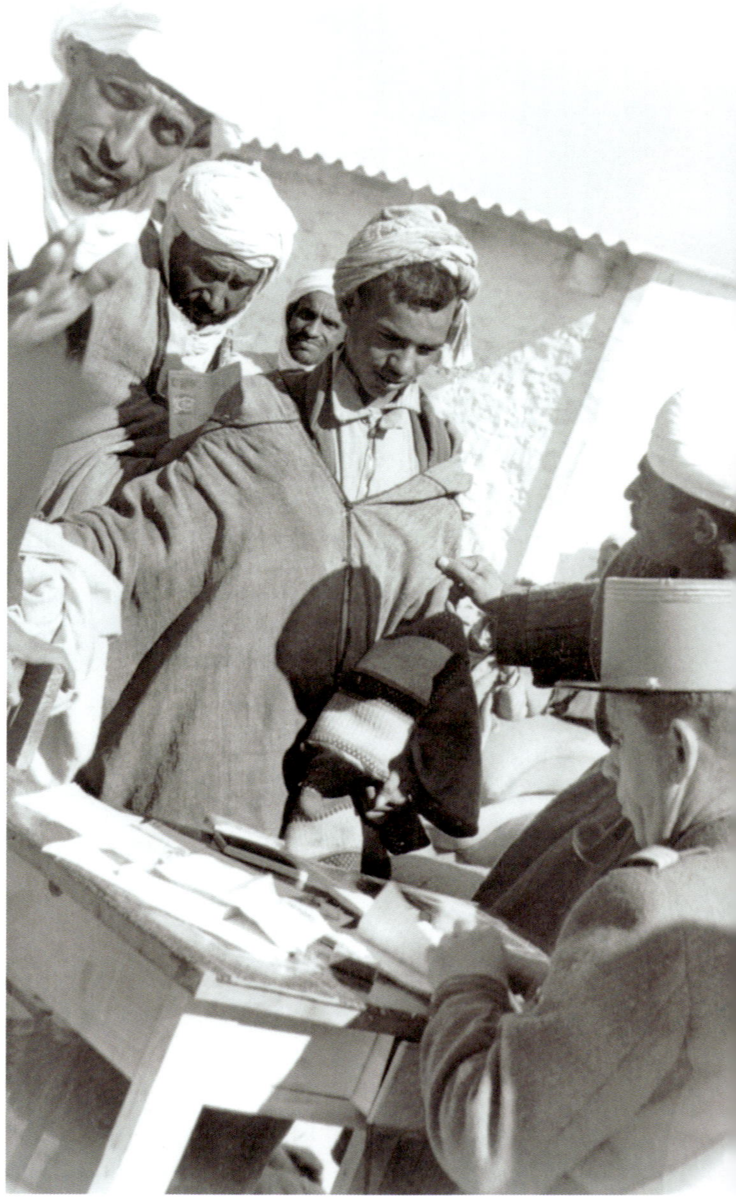

Recensement des habitants de Bou Alam en 1958.

Harkis assistant à un discours.

chef d'un commando de chasse, le gouvernement exécutif provisoire exigeait mon départ au plus tôt. Je lui ai répondu qu'il ne me ferait pas rentrer en France sans les harkis qui me demanderaient de partir, avec leurs familles. Après quelques hésitations, il n'a pas insisté.

Puis j'ai réuni mes harkis : « Réfléchissez avant de partir pour la France, je ne veux pas emmener de harkis malgré eux. Que pensent vos femmes ? Réfléchissez : que pensent vos familles ? Je suis resté pour assurer votre protection avec les spahis du commando, et le lieutenant d'Agescy vous aidera pour les démarches administratives avant de partir. » Chaque jour, nous les avons aidés. Gilles d'Agescy m'a été précieux.

Avec un convoi de volontaires pour le départ, nous nous sommes alors rendus au poste voisin d'Aïn el Orak, où j'ai été accueilli par mon ancien escadron de spahis, des soldats engagés et donc toujours en armes. Une vingtaine d'entre eux reviendront en France avec moi. Cela m'a permis d'assurer la protection des familles en attente d'un passage pour la France.

Quand un harki faisait connaître qu'il voulait partir, il courait le risque d'être assassiné comme traître. De premiers massacres autour de Bou Alam ont d'ailleurs précipité le mouvement de repli vers la France.

Après trois mois d'attente, j'ai obtenu avec l'aide de l'état-major de Géryville des places dans le premier bateau officiel du transfert en France, le 13 juin 1962. J'ai fait partir un peu plus de deux

Famille de harkis rapatriée à Villefort, en Lozère, en août 1962.

Famille de harkis rapatriée sur le plateau du Roure, en Lozère, en août 1962.

cents personnes, un premier convoi, et elles sont arrivées le 16 juin au camp du Larzac.

Un second convoi est parti le 9 juillet, après l'indépendance. Je l'accompagnais, avec le lieutenant d'Agescy. Il s'agissait d'anciens harkis à qui j'avais fait signer un contrat dans l'armée, ce qui leur sauvait la vie pour quelques années. Ils étaient une trentaine, souvent accompagnés de familles.

Les fêtes de l'indépendance s'étaient déroulées le 5 juillet et je n'avais eu de places sur le bateau que le 9 juillet. Entre le 5 et le 9, une dizaine de ces jeunes engagés m'ont déclaré ne plus vouloir venir en France. Ils avaient été profondément bouleversés par l'humiliation de la France au moment des fêtes de l'indépendance. Pourquoi vouloir servir encore un drapeau de vaincus ? Ils sont repartis vers leur destin, *mektoub*. Que sont-ils devenus ? Je ne l'ai jamais su.

D'autres encore, au dernier moment, n'ont pas voulu partir. Je n'ai pas eu directement de leurs nouvelles, mais j'ai eu des échos me permettant de penser qu'ils ont été protégés.

Un de mes adjoints directs, le maréchal des logis-chef Bouchiba, est de ceux-là. La veille du départ, sa famille est venue le voir à la porte de la citadelle militaire. En présence de sa femme et de ses enfants, il a décidé de rester. À mon avis, son beau-père était en relation avec le FLN, et il lui a sauvé la vie. Bouchiba est allé défendre l'Algérie sur la frontière marocaine en 1963.

LA TRAVERSÉE

J'ai donc eu quatre-vingts places sur le bateau du 9 juillet. J'avais fait pression de mon mieux sur les autorités. Un message était arrivé à Géryville : quatre-vingts places sur le *Djebel Dira* pour le lieutenant Meyer. « Rendez-vous à Oran. »

Le colonel Fresson, commandant mon régiment, le 23e spahis, a mis à ma disposition une escorte blindée, avec consigne d'ouverture du feu

Géryville vu de la citadelle.

Départ d'une patrouille du commando Griffon au sud d'El Maïa.

si nécessaire. Il avait pour cela donné le commandement du convoi au chef d'escadron de Colstoun, commandant en second le régiment. À Saint-Denis-du-Sig, un barrage de l'ALN a voulu nous empêcher de poursuivre. Lorsque les culasses des mitrailleuses lourdes se sont mises à claquer, le barrage s'est ouvert.

À Oran, notre bateau n'était pas là : il était bloqué à Marseille en raison d'une grève des dockers. Déjà ! Il me fallait trouver des solutions pour loger tout le monde. L'état-major m'a répondu : « On ne logera que vos spahis, mais pas les familles musulmanes… — Dans ces conditions, vous ne logerez personne, je vais chercher ailleurs. » Je suis descendu au port militaire d'Oran, et c'est l'amiral lui-même qui a accepté de nous accueillir dans la citadelle de Mers el-Kebir. Les commandos de marine, mes compagnons dans les djebels, m'avaient toujours dit : « On ne te laissera jamais tomber ! » « Parole de marin, m'a fait dire l'amiral, les harkis du commando Meyer seront accueillis et nourris le temps qu'il faudra. » La marine n'oubliait pas la règle des amiraux de Castille…

Nous avons tous embarqué ensemble le 13 juillet. D'Agescy était avec moi. Et nos harkis avaient caché au milieu d'eux plusieurs pieds-noirs d'Oran, en détresse et sans billets. Tous, nous sommes arrivés à Marseille le 14 juillet. Les dockers n'étaient pas en grève, mais ils ne travaillaient pas quand même, c'était jour férié… Notre bateau a donc été obligé d'accoster non pas le quai, mais un autre navire de la compagnie, et tous nos bagages sont restés en cale. On ne les récupérera que quinze jours plus tard…

Ce deuxième et dernier convoi est arrivé le 15 juillet au camp de Sissonne où les services du camp ont aussitôt pris en charge les familles.

L'INSTALLATION EN FRANCE : UNE NOUVELLE VIE

En 1962, alors que j'étais de retour à Saumur et instructeur d'élèves officiers, j'ai continué de les accompagner.

Mettant à profit mes congés, j'ai sillonné le sud de la France pour chercher où les installer. J'ai trouvé Villefort, en Lozère, puis le plateau du Roure. À Saumur, le colonel directeur de l'instruction m'a appelé pour me dire : « Laissez tomber tout ça. » Je n'ai pas laissé tomber. J'étais tous les week-ends en Lozère. Avec l'aide de mon ami Alain de La Morandais, qui avait été sous-lieutenant à la SAS de Bou Alam, et le concours de familles sur place, merveilleuses, j'ai réussi à retirer ces anciens harkis du camp du Larzac et à les installer dans des hameaux en Lozère. Dès le mois d'octobre 1962, ces familles étaient pour la plupart aux alentours de Villefort.

Pendant sept ans, nous avons fait vivre une exploitation d'élevage d'ovins sur le plateau du Roure, à deux pas de Villefort, qui constituait certainement un premier palier d'intégration.

Depuis, ces anciens harkis se sont installés eux-mêmes dans diverses régions, en Auvergne ou dans le Midi, et l'intégration de leurs enfants dans la société française a été bien souvent une réussite.

Aujourd'hui, j'ai toujours des liens très attachants avec beaucoup de familles. Les jeunes se sont mariés, ils ont des enfants, et c'est maintenant eux qui m'appellent pour me demander de mes nouvelles. Chaque fois que je viens chez eux, c'est une fête et l'on peut se parler de tout, des temps d'autrefois et du drame qu'ils ont vécu. Ils savent que je le connais.

Ensemble, nous avons partagé autrefois les plus grands risques. Aujourd'hui nous rapprochent en confidences et pour toujours des valeurs de justice, de respect et de fraternité. ■

Le général François Meyer a consacré un livre au drame des harkis, et au récit de son engagement auprès de cette communauté : ***Pour l'honneur... avec les harkis de 1958 à nos jours***, paru aux éditions CLD en 2005. Il publie également de nombreux articles et donne des conférences.

Une rue d'Oran en 1960.

Le village des harkis
du commando Griffon.

Brahim Sadouni

harki
68 ans

Un père parti travailler dans les usines en France. Une mère isolée dans sa mechta en haut d'une colline, trois frères et sœurs plus jeunes, le « gourbi » où tout était noir de fumée, pas d'école ou si peu, des moutons à garder.
Au milieu des années 1950, Brahim Sadouni partageait le sort des petits paysans berbères lorsque l'armée française a débarqué dans sa vallée, à Arris dans les Aurès.
Sous l'impulsion de la propriétaire française de l'hôtel où il avait trouvé un emploi, il est parti à Constantine apprendre la mécanique automobile.
Un an plus tard, il est revenu à Arris muni d'un CAP. L'été 1960, Brahim Sadouni, 17 ans, était mécanicien quand il a été enrôlé par l'armée aux côtés de la France.

Portrait de harki (1957).

L'ENGAGEMENT

Mon père n'avait pas voulu que je le rejoigne en France. Il m'avait écrit qu'en son absence ma place était auprès de ma mère. Très déçu, j'ai cherché du travail. J'étais mécanicien de formation, mais, à Arris, il n'y avait pas de garage. J'arpentais seul et morose les rues de la ville jusqu'au jour où j'ai accosté un sergent harki, ancien ami de mon père. Je lui ai expliqué que j'étais mécanicien, et je lui ai demandé s'il pouvait me trouver un travail avec les SAS. Il m'a envoyé voir un certain commandant Wolf, en m'assurant qu'il allait m'embaucher. Je suis allé à la grande SAS d'Arris, où attendaient des centaines de harkis. C'était comme un essaim d'abeilles. J'ai trouvé le commandant, blond, carré, la cinquantaine, les tempes blanchies, et je lui ai montré mon diplôme, mon CAP. « Ah, tu fais de la mécanique ? D'accord. Tu vas aller à Bouzina. »

Il m'a dit ça comme ça, sans me demander si ça m'intéressait, puis il a écrit un mot et m'a tendu l'enveloppe : « Le lieutenant va venir à Arris jeudi. Tu lui donneras cette lettre. » J'étais un peu agacé par son attitude, mais pas sûr de moi. J'avais l'impression que si je disais non, je commettrais l'irréparable. Devant l'armée, on s'effaçait. Je me suis effacé.

Village d'Arris, dans les Aurès, dans les années 1950.

« Et si tu es mécanicien, comment feras-tu quand tu seras dans les djebels en plein accrochage pour te défendre ? Avec une clé à molette ? »

De retour à la maison, j'ai annoncé à ma mère mon départ pour la caserne de Bouzina comme mécanicien. Bien sûr, je l'ai rassurée : « Je vais faire de l'entretien de véhicules ! J'ai un CAP, comment veux-tu qu'ils me donnent un fusil pour faire la guerre ? » Je lui ai expliqué ce que m'avait dit le sergent harki : « Ils ont besoin de gens comme toi, un mécanicien, alors que tout le monde peut être harki. » J'avais un CAP, et les autres, rien. J'avais plus de valeur. Mon inconscience était totale. Ma mère ne se trompait pas, mais je pensais que, comme elle ne sortait jamais du gourbi, elle ne connaissait rien et donc qu'elle avait tort. Je l'ai laissée avec sa colère, j'ai pris mon sac et je suis parti.

Je suis arrivé à 2 heures de l'après-midi devant la SAS. Le convoi était là avec le lieutenant, militaire galonné qui présentait bien, bel homme, les pieds posés sur le tableau de bord du camion. Il m'a dit : « Tu es prêt ? Alors, monte dans le camion. » Une fois à l'intérieur, les harkis m'ont interpellé : « Tu vas à Bouzina pour faire la mécanique ? Ça y est, tu es devenu harki ? » Et moi, toujours convaincu : « Non ! Je suis mécanicien. » À Bouzina, à 45 kilomètres au nord-ouest d'Arris, le poste militaire des chasseurs à pied était un château fort situé dans les montagnes, entouré de hauts murs, bâti de grosses pierres, avec des mitrailleuses prêtes à faire feu. Le poste des harkis, quant à lui, était tout en bas : des gourbis, où certains vivaient avec leur famille, n'ayant comme seul moyen de défense qu'un mur de pierres empilées et quelques harkis montant la garde dans une guérite de fortune. Le premier soir, en pleine nuit, une sentinelle harki a été tuée. Il avait 20 ans.

Deux jours sont passés, le cauchemar de cette mort ne me quittait pas. J'étais en train de nettoyer un moteur, le moral au plus bas, lorsqu'un caporal est arrivé vers moi. C'était un Arabe, un ancien d'Indochine, qui avait des dents en or : « Sadouni, viens avec moi… — Où on va ? — Viens, je te dirai après. » Il m'a emmené voir un vieux magasinier. « Donne-lui un paquetage », a dit le caporal. Et moi : « Pourquoi un paquetage ? Je suis mécanicien. — Ah bon ? Mais ici, y a pas de mécanicien.

Retour d'une patrouille de la harka d'Aïn Abid dans le Constantinois en 1956.

Ici, y a que des harkis. Et si tu es mécanicien, comment feras-tu quand tu seras dans les djebels en plein accrochage pour te défendre ? Avec une clé à molette ? » Le caporal a ajouté, en arabe – je ne l'ai jamais oublié : « Fiston, y a un proverbe arabe qui dit : "Quand on veut du poisson, on mouille ses fesses." » J'ai pris le fusil à contrecœur et mon paquetage. J'avais 17 ans.

Quelques semaines plus tard, j'ai reçu des nouvelles de ma mère, qui me suppliait de venir la voir. J'ai obtenu une permission pour retourner à Arris. J'ai débarqué chez moi en treillis et calot. Quand elle m'a vu, ma mère m'a giflé : « Ah ! Que voilà un beau mécanicien ! » Je n'ai rien dit. Elle avait raison, mais je ne voulais pas l'admettre. Je ne pouvais pas faire marche arrière. « Assieds-toi », m'a dit ma mère en me tendant une lettre de mon père. Il était prêt à m'envoyer de l'argent pour que je le rejoigne en France. Évidemment, il savait que j'étais devenu harki. J'ai répondu à ma mère : « Maintenant, c'est trop tard. » Elle a insisté. Moi aussi : « Si je démissionne, ils vont peut-être me tuer. J'ai peur. Ceux qui quittent les harkis, on les emmène, on en torture certains pour leur faire avouer pourquoi. » Et j'ai laissé ma mère.

LA GUERRE

Je suis retourné à la SAS, mais je n'étais pas soldat. Je n'étais rien d'autre qu'un mécanicien. Je n'avais pas le goût de me battre. Je n'ai pas reçu d'entraînement militaire. Un jour, trois soldats ont attrapé un berger. L'un lui a mis la mitraillette sur la joue, en disant : « Fellagha, fellagha. » Il devait avoir mon âge, il avait les joues qui tremblaient de peur. J'ai dit au soldat : « Laisse-le-moi, je vais lui régler son compte », et j'ai laissé partir le gamin. J'ai expliqué aux soldats que ce n'était pas un fellagha, que c'était un fou, et que moi, je ne tuais pas les fous. Je me souviens, alors que je fouillais des maisons, d'avoir poussé la vieille porte en bois d'un gourbi. Je me rappelle le bruit de cette porte qui grinçait. Il y avait une femme assise avec deux enfants en bas âge à côté d'elle, et un feu de bois dans la cheminée. Comme chez nous. Le bois qui crépite, la même odeur. J'ai regardé la femme, et je lui ai demandé : « Où

est ton mari ? » J'ai regardé les ustensiles, les peaux de chèvres, comme chez nous. Elle m'a répondu : « Mon mari est mort. » Les petits moineaux m'observaient. Je leur faisais peur. Je suis ressorti et je suis parti.

Puis il y a eu la mort de mon ami Ali, qui avait combattu pour la France lors de la Seconde Guerre mondiale. C'est lui qui m'avait accueilli à mon arrivée dans la harka. Sa retraite ne lui suffisait pas pour vivre, alors il s'est engagé. Le FLN a tué Ali. Sa femme Aldjia ne savait plus où aller parce que l'armée lui avait demandé de libérer la maison qu'elle occupait avec son mari dans la harka. On n'existe pas quand on est harki, on n'est que des soldats intérimaires. Le matin, on vous donne le paquetage, le soir, on vous le reprend. À ma demande, un officier a offert une prime à Aldjia. Il existait un certain humanisme chez les officiers français. Mes propres officiers ont toujours été honnêtes. Ils n'ont jamais torturé. Un soir du printemps 1961, je broyais du noir. J'étais amoureux d'une jeune fille qui s'était révélée être du côté du FLN et qui venait de me rejeter parce que je ne voulais pas trahir mon camp. Deux officiers, le lieutenant Parent et le sous-lieutenant Maurice, Maurice Guichard, m'ont invité à boire un verre. « Que dirais-tu de venir en France ? m'a demandé Maurice. Tu verras, Sadouni, la France te séduira, tu seras émerveillé par ses villes, ses trains, ses voitures, ses filles peut-être ? Tu travailleras dans l'usine où mon père est responsable d'un grand atelier, tu iras danser dans les bals. » J'ai écouté. Ça me consolait de mon chagrin. Un de mes cousins m'avait sollicité deux ou trois fois pour me demander d'être comme un agent double, de trahir la France en faveur du FLN. Chaque fois, j'ai refusé, je ne voulais pas que d'autres soient égorgés à cause de moi. J'aurais eu ces morts sur la conscience. Je ne suis pas allé le dénoncer non plus, ç'aurait été lâche.

> « Tu verras, Sadouni, la France te séduira, tu seras émerveillé par ses villes, ses trains, ses voitures, ses filles peut-être ? Tu travailleras dans l'usine où mon père est responsable d'un grand atelier, tu iras danser dans les bals. »

Action psychologique au centre des harkis de la Platrière dans l'Algérois.

LA FRANCE C'EST LE TRAVAIL !
ICI NOUS SOMMES FRANÇAIS...
NOUS TRAVAILLONS !!

« BON COURAGE ! »

En février 1962, on a quitté Bouzina pour Menâa, plus au sud. On ne savait pas ce qui se tramait. J'écoutais Radio Alger ou Radio Rabat, mais je ne comprenais rien. Quelques harkis ont déserté, l'un avec un camion, d'autres avec des armes. Moi, je n'ai jamais eu la tentation de déserter, je n'en voyais pas la nécessité parce que je ne savais rien, on ne m'expliquait rien.

Un jour, on nous a tous réunis et on nous a fait un grand discours : maintenant la France et l'Algérie vont se réconcilier, le sang a coulé mais il faut tourner la page, le gouvernement français et le FLN viennent de signer un accord, les harkis n'ont pas à s'inquiéter, plus un seul coup de feu ne sera tiré.

C'était le 18 mars 1962, veille du cessez-le-feu.

À cette annonce, au lieu du sang, c'est du plomb qui a coulé dans le cœur des harkis. On est retournés dans nos gourbis. Quand il a vu les cadenas cassés, nos râteliers d'armes vides, un harki a fait une crise de tétanie tellement il était affolé. On faisait tous des mines d'enterrement. Nos officiers sont repartis vers le poste militaire, et, le soir, ils ont placé des half-tracks – des véhi-

> « Quand il a vu les cadenas cassés, nos râteliers d'armes vides, un harki a fait une crise de tétanie tellement il était affolé. On faisait tous des mines d'enterrement. »

cules militaires – et des mitrailleuses dirigées vers la harka, au cas où on se révolterait. On a compris qu'ils nous avaient amenés à Menâa pour fusionner avec la SAS locale et nous désarmer tous en même temps.

Les jours suivants, on a enchaîné les corvées pour s'occuper, on a nettoyé, on a enlevé des papiers dans les fils de fer barbelés. Puis on nous a dit : « Il faut nous rendre les treillis, vous pouvez rentrer chez vous, vous êtes libres. » C'était à la mi-mai. J'ai alors croisé Maurice, mon sous-lieutenant, qui s'apprêtait à repartir. Il m'a demandé : « Alors, tu viens avec moi en France ? » J'ai répondu : « Non, mon lieutenant, mon père ne va peut-être pas accepter, je ne suis pas majeur. » Il m'a salué : « Alors, bon courage ! »

Quand je suis rentré chez moi à Arris, le FLN commençait à prendre possession du pays. Je voyais flotter le drapeau algérien à tous les coins de rue, les convois militaires français partaient.

Avec d'autres harkis, j'ai assisté au départ du dernier convoi militaire ; le FLN nous avait obligés à être présents. Dans les camions, les soldats étaient dos à dos, avec leur fusil. Et les gens les insultaient. Quatre, cinq FLN, avec leur mitraillette, haranguaient la foule. Nous, on ne disait rien. Pour ne pas entendre les injures, les militaires chantaient : « La quille viendra… Je m'en vais revoir ma blonde… Tiens, tiens, voilà la quille… » J'ai vu une femme se jeter sous l'un des camions du convoi parce que son mari, harki, venait d'être exécuté par le FLN. La foule des gens tout autour a crié : « C'est la femme d'un traître, laissez-la crever ! »

Harkis à l'entraînement.

Supplétif armé d'une carabine de chasse prise aux rebelles (1957).

MON PÈRE

Dès la fin de la guerre, tous les jours, des fêtes ont été organisées pour célébrer la victoire, des fêtes contre la France. Ça me faisait mal de voir ça. Moi, je n'avais pas le cœur à faire la fête. Des harkis ont été arrêtés, d'autres ont dû exécuter des corvées. Moi, par exemple, j'ai « gratté des routes » pendant quinze jours, trois semaines. J'ai sans doute été épargné parce que j'étais jeune. Les nouvelles autorités faisaient construire les routes et les pistes par les harkis. D'autres devaient planter des arbres. Ou nettoyer les camps de l'armée française, enlever les barbelés, parfois sans gants. Dans l'ancienne gendarmerie d'Arris, un de mes oncles, harki, a dû nettoyer, pieds nus, des rigoles d'eau où ils avaient cassé du verre.

Je passais mon temps à déambuler sans rien faire, plus humilié que maltraité. Humilié parce que je ne comprenais pas l'attitude de la France qui m'avait enrôlé, mineur, jeté en pâture sans entraînement militaire et m'avait ensuite abandonné.

Mon père est rentré en Algérie à l'automne, après l'indépendance et les fêtes. Un copain m'a averti de son retour. J'ai couru à la maison. Quand je suis arrivé, il était là, avec des personnes tout autour de lui. Je l'ai salué. Il m'a salué « avec de la glace », comme on dit, ce n'était pas un salut de père. Ma mère a essayé d'arranger les choses. Mais mon père ne faisait qu'écouter ceux qui l'entouraient. C'est là que j'ai découvert qu'il avait travaillé avec le FLN ! Pour

> « Mon père était là, avec des personnes tout autour de lui. Je l'ai salué. Il m'a salué « avec de la glace », comme on dit, ce n'était pas un salut de père. »

moi, ça a été une onde de choc. Ma mère a essayé de lui dire que j'étais mécanicien. Mais mon père n'y prêtait pas attention. Il n'avait d'intérêt que pour la révolution.

J'ai quitté la maison. Sur la route, j'ai croisé un gamin de 5-6 ans qui m'a jeté des cailloux, des jeunes filles se sont mises à rire. Quand j'ai grondé le gamin, il s'est mis à pleurer comme si je l'avais frappé, en me montrant du doigt : « C'est un traître. » Un homme s'est approché, m'a giflé et m'a craché à la figure en me menaçant avec un pistolet : « Tu n'as pas honte ? Tu es un traître et tu frappes mon fils ! » Le lendemain, quelqu'un avait raconté l'incident à mon père, qui m'a dit : « Toi aussi, tu es un traître comme les autres. » C'était comme si le ciel me tombait sur la tête. Je suis rentré à la maison, j'ai pris un petit sac avec mes affaires, et je suis parti.

Cavalier et blindé près d'Aïn Abid en 1956.

> Les policiers sont arrivés. Ils m'ont roué de coups puis conduit, sanguinolent, au commissariat.

LA CORDE

Dans les montagnes, j'ai trouvé une grotte que j'ai aménagée pour m'y installer. Pour manger, j'ai volé dans les champs et mendié. Jusqu'au jour où j'ai frappé à la porte d'une maison et demandé un peu de galette et des dattes. Une jeune femme a ouvert, c'était une de nos anciennes voisines. Elle m'a reconnu et a crié : « Les harkis se mettent à mendier ! » Je suis parti, tête basse. Je suis redescendu au village, où j'ai déchargé un camion de cageots de limonade ; j'ai gagné 100 francs. J'ai acheté une corde, 2,50 mètres, à 70 francs – j'ai laissé la monnaie au commerçant. La nuit tombée, j'ai trouvé un arbre, j'ai suspendu la corde en faisant mes prières, lorsque j'ai entendu des cris. C'était deux copains qui me cherchaient ; ils avaient été alertés par le marchand à qui j'avais acheté la corde. Ils m'ont sauvé.

J'étais tout meurtri, comme brûlé à l'intérieur.

Mon copain m'a proposé de partir pour Batna, à 60 kilomètres, pour travailler dans le garage d'un harki qui avait aussi fait du business avec le FLN. Il s'appelait Salah. C'est lui qui m'a obtenu un laissez-passer. À l'époque, je n'avais pas de carte d'identité. Quand j'en avais demandé une à la mairie d'Arris, on m'avait répondu : « On ne fait pas de carte d'identité nationale aux traîtres. » La nouvelle administration les réservait aux Algériens.

Je suis parti à 7 heures du matin, en camion, avec d'autres passagers. Après une dizaine de kilomètres, un barrage du FLN nous a arrêtés : contrôle des papiers. Sur le bas-côté de la route, il y avait une femme avec des enfants en bas âge. Le père, les mains attachées dans le dos, était criblé de coups de crosse de mitraillette sous les injures : « Tu veux partir en France ? Tu as trahi ton pays, et maintenant tu veux vendre ta religion ? » Les enfants pleuraient, la femme tremblait. Puis on m'a rendu mes papiers, en me disant : « Tiens, traître, remonte, tu t'en vas. »

À Batna, Salah m'a emmené dans son garage. C'était fin octobre 1962. Je travaillais enfin, je gagnais de l'argent. Pendant quelques semaines, tout s'est bien passé. Puis, un jour, le propriétaire d'une camionnette est venu rechercher son véhicule. Il marchait en boitant, s'appuyant sur une canne. Quand je lui ai demandé de payer la facture, il m'a regardé : « Tu veux que moi, je te paie ? Toi, un harki ? Tu t'appelles Sadouni, tu étais à Bouzina, tu étais un traître. Tu vois ma patte ? C'est tes frères qui m'ont fait ça, c'est eux qui me l'ont cassée, alors c'est toi qui vas payer », et il est allé chercher la police. Les policiers sont arrivés. Ils m'ont roué de coups puis conduit, sanguinolent, au commissariat. Au bout de longues heures dans un cagibi, un commissaire est venu me parler : « Comme ça, tu insultes les combattants de l'islam ? » J'ai dit « non », mais le commissaire a continué : « Est-ce que tu penses que je vais te croire, toi, plutôt que celui qui a libéré mon pays ? Tu n'as pas le droit de travailler. Et si jamais je te trouve en train de travailler, je t'envoie à Lambez. » C'était la prison centrale de la région, où la France avait incarcéré les prisonniers du FLN. Il m'a dit : « C'est là que se trouvent tous tes frères. »

Un membre d'une harka discute avec des fellahs dans la région de Constantine.

À LA RUE

Je ne suis pas retourné au garage. Je n'avais plus que la rue, mangeant ce que je trouvais par terre. Un soir, je ramassais une orange devant un marché couvert quand j'ai entendu : « T'as faim ? » C'était un homme maigre, avec un vieux paletot, les cheveux en bataille. Il m'a tendu du pain. Il s'appelait Ahmed. Lui aussi était harki. Il venait du sud du pays, où le sort des harkis était terrible. Il m'a raconté qu'on les enterrait debout, et qu'on les tailladait. Alors, il avait fui. Ahmed m'a proposé de rester avec lui, de partager le travail grâce auquel il survivait, des camions à décharger. On est donc restés ensemble, et on a tissé des liens d'amitié. On dormait dehors dans le froid. On était comme deux malheureux. Cette situation a duré un certain temps, jusqu'à ce que je rencontre par hasard dans la rue un ancien copain, harki lui aussi. Je ne sais pas comment les mots sont venus, mais il m'a parlé de partir en France. Je lui ai dit : « Où veux-tu que j'aille, là-bas ? Je ne connais personne. » Il m'a donné l'adresse de notre ancien opérateur radio, un sergent, un brave homme, très humain, qui avait toujours des bonbons dans sa poche pour les enfants. Il s'appelait Laznec et habitait Dijon. Ce petit morceau de papier, je l'ai bien caché dans ma poche. Cette adresse, c'était une lumière.

Et j'ai continué ma vie dans la rue. Le soir, je faisais la sortie des cinémas de Batna pour ramasser des mégots de cigarettes sur le trottoir. C'est alors qu'un jour quelqu'un m'a tapé sur l'épaule. C'était Smail, un copain d'école. Je lui ai dit que je n'avais pas de travail. Lui était employé comme secrétaire à la mairie de Batna. Je lui ai demandé s'il pouvait m'obtenir une carte d'identité. « Pas de problème, m'a-t-il répondu. Tu me donnes une photo, une adresse, et je te la fais. » J'ai raconté ma rencontre à Ahmed. Il fallait qu'on trouve une adresse à donner. Je me suis souvenu d'un vieux Kabyle dont j'avais réparé la voiture, et avec qui j'étais resté en bonne relation. Il a accepté que je fournisse son adresse comme étant la mienne.

J'ai apporté à Smail ce qu'il m'avait demandé. Il m'a dit : « Dans trois semaines, le 24 février, tu auras ta carte d'identité. » Chaque jour, mon cœur battait de plus en plus fort. Le 24 est arrivé. 24 février 1964. Je me suis rendu au commissariat de police. Il y avait une foule immense qui attendait. Un policier est sorti, avec un gros carton

“ Lui aussi était harki. Il venait du sud du pays, où le sort des harkis était terrible. Il m'a raconté qu'on les enterrait debout, et qu'on les tailladait. Alors, il avait fui. ”

Harkis chargés du ravitaillement dans la région de Guergour dans le Constantinois.

rempli de cartes d'identité. Il a appelé les noms au hasard. À un moment, j'ai entendu le mien. J'ai levé la main. J'avais les jambes qui tremblotaient. Je suis allé vers lui, il m'a tendu ma carte ; je l'ai prise et j'ai filé.

Et maintenant, l'étape suivante était de partir. Où trouver l'argent ? Le voyage coûtait 180 francs, 18 000 anciens francs. Je devais en avoir 80. J'ai déchargé un camion. Cinquante francs. Le chauffeur en a ajouté encore 50 parce que je lui ai dit que je travaillais pour partir en France. J'ai déchargé un autre camion. Vingt francs. J'avais 200 francs en tout. J'étais au bord de la liberté. Peu après, un vieux camion Berliet, qui déchargeait au marché couvert, devait repartir pour Alger. Ahmed a dit au conducteur : « Voilà mon frère, il va travailler à Alger, prends-le avec toi », et à moi : « Ne dis pas que tu vas en France, parce que tu es harki. Va chercher tes affaires. Le camion va t'emmener. » J'ai répondu : « Mais comment vais-je faire ? Je n'ai pas assez d'argent. » C'est là qu'Ahmed a ouvert son veston, a sorti 100 francs de sa poche intérieure et me les a donnés en me serrant contre lui. Je lui ai dit : « Je ne t'oublierai pas. » Je n'ai jamais revu Ahmed.

LE VOYAGE

Grâce à Ahmed, j'ai pu embarquer dans le camion, direction Alger. Je suis arrivé vers 6 heures du matin sur la corniche qui domine la ville. C'était la première fois que je voyais Alger et la mer. Le soleil était levé. Lorsque j'ai vu la mer bleue, calme, lisse comme du marbre, ça m'a ouvert le ventre. C'était si beau ! J'ai trouvé un taxi à qui j'ai demandé de m'emmener au port. Le chauffeur, un Kabyle, a voulu savoir ce que j'allais y faire. Je lui ai dit : « Je m'en vais en France. — Tu n'as pas honte ? On vient de jeter les Français dehors, et toi, tu vas aller en France ? » J'ai joué la comédie : « Je m'en vais travailler. Mon père était là-bas. Comme la France a profité de nous, il faut bien qu'on profite un peu d'elle. J'y vais six mois pour gagner un peu d'argent, mon frère… » Il m'a répondu : « Tu as raison, bravo, tu es un brave. » Quand je suis arrivé au port, les guichets étaient fermés. Je suis revenu à l'ouverture, j'ai demandé un billet Alger-Marseille en bateau, et Marseille-Dijon en train. Soixante-dix francs, 7 000 francs anciens.

Le bateau partait à 10 heures du soir. À 4 heures de l'après-midi, il y avait déjà une queue immense. Des centaines de personnes, des familles… Je suis arrivé devant le douanier à 9 heures du soir. Je n'avais qu'un sac de sport à la main. Il l'a regardé, a regardé ma carte d'identité et m'a dit : « Où vas-tu ? — À Marseille. — Tu n'as pas honte ? Nous, on a chassé les Français, et vous courez après eux. » J'ai répété mon petit mensonge. Si j'avais avoué que j'étais harki, je ne serais jamais passé.

Sur le bateau, je me suis installé sur une chaise longue sur le pont – 2 francs – et, à 22 heures, le bateau a commencé à glisser le long de l'eau. Je voyais les lumières d'Alger s'éloigner. Je n'arrivais pas à y croire. D'un côté, l'enfer, de l'autre, la libération. Et le bateau entre les deux, comme un lien. C'était incroyable. Et ces lumières qui scintillaient au loin… C'est un moment que je ne peux pas décrire, tellement il a été fort. J'avais l'impression de rêver. Puis la mer s'est levée, il a fallu descendre dans les cales. Le bateau a commencé à tanguer. Il y avait énormément de gens, des femmes, des enfants. Beaucoup étaient malades. Les vagues giflaient la coque du bateau. Un homme s'est installé près de moi. On s'est mis à discuter. Il s'appelait Mohamed. Je lui ai demandé pourquoi il allait en France, mais il n'a pas voulu me répondre : « Je ne te le dis pas, parce que, peut-être, toi aussi tu vas détourner ton regard. » Je lui ai rétor-

“ Le bateau a commencé à glisser le long de l'eau. Je voyais les lumières d'Alger s'éloigner. Je n'arrivais pas à y croire. D'un côté, l'enfer, de l'autre, la libération. ”

Patrouille de harkis dans la région de Guergour.

> « C'était un mélange de naïveté, de peur, j'étais seul, sans famille, sans guide, coupé de mes racines. »

qué : « On est sur le bateau, il n'y a que le bon Dieu et nous… Qu'est-ce que tu veux que je te fasse ? » Alors, il m'a avoué qu'il était harki. On s'est raconté notre vie. Il avait été battu, il avait les dents cassées et boitait.

On est arrivés à 4 heures de l'après-midi à Marseille. Il y avait au moins deux mille personnes. On a fait la queue devant des cabines, dans lesquelles des médecins nous faisaient passer à tous une visite médicale. On m'a examiné de A à Z. Deux groupes ont été formés : à droite, ceux qui étaient en bonne santé, à gauche, les malades. Mohamed a été mis dans le groupe de gauche et renvoyé en Algérie.

Moi, j'étais libre. Libre de sortir, libre de rester en France.

J'ai filé à la gare Saint-Charles. Mon train a démarré à 10 heures du soir. Il allait tellement vite que je n'arrêtais pas de demander aux passagers si on était arrivés à Dijon. C'était un mélange de naïveté, de peur, j'étais seul, sans famille, sans guide, coupé de mes racines. On est entrés dans Dijon à 2 heures du matin. Les voyageurs ont quitté le wagon par le passage piéton ; moi, déboussolé, je suis descendu du côté des rails, et je me suis mis à marcher tout seul sur la voie ferrée, à la lumière des lampadaires. À 5 heures du matin, j'ai trouvé par hasard l'adresse de Laznec ; c'était l'université de Dijon, où il travaillait et habitait. J'ai attendu que les portes de la faculté s'ouvrent. À 8 heures, le gardien a appelé M. Laznec. Quand il m'a vu, il m'a serré dans ses bras. L'après-midi même, il m'a donné un costume, une valise, de belles chaussures, et m'a dit de me rendre à Lacanche, où vivait la famille de mon officier, le sous-lieutenant Maurice Guichard, à qui il venait de téléphoner. Il m'a mis dans le car de Dijon-Bligny-sur-Ouche. À Bligny, j'ai demandé comment je devais faire pour aller à Lacanche. Il fallait prendre un taxi. Onze kilomètres, 11 francs. On n'oublie pas ces moments-là. ■

Groupe de supplétifs devant une mechta.

À Lacanche, la famille de Maurice Guichard l'attendait. Elle lui a trouvé un travail en usine, un logement, et l'a aidé à obtenir la nationalité française. L'année suivante, Brahim Sadouni a appris la soudure, son futur métier, et a trouvé un emploi à Sens, où il s'est établi.
À 27 ans, il s'est marié avec Georgette, une Française, avec qui il a eu deux enfants. Dans les années 1970, Brahim Sadouni partagea la vie des ouvriers arabes installés en France. En butte au racisme, à l'hostilité affichée à l'encontre des harkis, tout en bénéficiant au fil de ses rencontres de la solidarité parfois immense de Français anonymes. En 1975, tenté par l'engagement politique et le Parti communiste, il en est rejeté dès lors qu'il s'est déclaré harki. La même année, lors d'un voyage, l'Algérie l'a refoulé à la frontière. La famille Sadouni finit par s'installer à Grand-Couronne, près de Rouen, où réside une forte communauté harki.
Cet environnement, la misère des camps de harkis dans le sud de la France, le refoulement de harkis fuyant l'Algérie, son rejet par le PC, tout l'a poussé à s'impliquer dans la cause des harkis. Il a ainsi été l'organisateur de deux fameuses marches, l'une vers Marseille en 1985, l'autre jusqu'au Vatican en 1987, où il est reçu par le pape. Entre-temps, Brahim a revu son père gravement malade et hospitalisé à Paris, qui lui a pardonné, avant de mourir, de ne pas avoir été le fils qu'il aurait souhaité. Sa mère l'a rejoint en France, où elle vit près de Rouen.

Des immigrés algériens débarquant dans le port de Marseille en 1954.

Ahmed Tabaali, coiffé de son calot
lorsqu'il appartenait à la SAS Tolga, en 1959.

Ahmed TABAALI

harki
71 ans

Jeune harki de Tolga, Ahmed Tabaali trouvait la guerre en Algérie « trop dure ».
En venant à Paris, il voulait « sortir de la haine », « changer de vie », « souffler un peu ». Il avait 20 ans.
Il est devenu garde du corps du capitaine Raymond Montaner, commandant de la Force de police auxiliaire (FPA).
Cette unité composée de volontaires, surnommée les « harkis de Paris », a compté jusqu'à quatre cents hommes recrutés en Algérie pour lutter contre les attaques et attentats que les indépendantistes algériens multipliaient dans la capitale française.
La mission assignée à la FPA comportait trois objectifs : protéger la population musulmane des exactions du FLN, lui redonner confiance et la rapprocher de l'administration dont elle était coupée ; contrecarrer la collecte des fonds qui procurait au FLN les moyens d'exister et de poursuivre son action en France et en Algérie ; désarmer le FLN et neutraliser ses filières d'approvisionnement.

Mon père avait quatre femmes, à la façon coranique de l'époque en Algérie, dont ma mère. Chacune avait un fils, mes demi-frères. J'étais le plus jeune des enfants. Je suis né le 11 août 1940 à Foughala, dans le village de ma mère, vers Batna, dans le sud des Aurès. J'ai grandi à Djamaa, le village de mon père. Notre famille était pauvre. Enfant, je ramassais les dattes. Je ne suis jamais allé à l'école. Il n'y avait que les fils à papa qui allaient à l'école, ceux des caïds ou des chefs colons.

Parfois, mes parents m'obligeaient à fréquenter l'école musulmane à la mosquée, mais, à la place, j'allais me promener. Un jour, l'imam a dit à mon père : « Ton fils ne vient pas à l'école. Il est malade ? » Le lendemain, le maître a envoyé quatre personnes me chercher. Ils m'ont ramené de force à l'école, et j'ai été puni : j'ai été attaché par les pieds à un morceau de bois, et j'ai reçu le fouet. J'avais 8 ou 9 ans. Le soir, j'ai boudé, j'ai refusé de manger, je ne voulais plus rien faire. Mon père n'était pas sévère avec moi, comme moi je l'ai été plus tard avec mes enfants. Il m'a dit : « Si tu ne veux pas aller à l'école, tu n'y vas pas. » Alors je n'y suis pas allé. Ni à l'école arabe ni à l'école française.

> Quand la guerre d'Algérie a éclaté, le monde autour de moi a changé, l'ambiance générale s'est détériorée : certains Algériens sont partis en France, ou ailleurs en Europe, d'autres dans le djebel avec le FLN.

Mon père est mort quand j'avais 13-14 ans. J'ai quitté sa famille de Djamaa pour partir vivre dans la famille de ma mère. Là-bas, j'ai commencé à travailler chez les colons français, comme l'un de mes oncles. Je ramassais les dattes du matin au soir.

Corinne, Ahmed, Franck et Mebarka en 1975.

JE M'ENGAGE À LA SAS

Quand la guerre d'Algérie a éclaté, le monde autour de moi a changé, l'ambiance générale s'est détériorée : certains Algériens sont partis en France, ou ailleurs en Europe, d'autres dans le djebel avec le FLN. Moi, je voulais fuir ces tensions et retourner dans la ferme familiale de mon père, où vivaient certains de mes frères, à Djamaa, au sud du pays, à la porte du désert. J'y suis resté deux-trois jours, pour voir si la région était calme et si je pouvais trouver du travail. Lorsque j'ai quitté Djamaa, j'ai croisé deux hommes en me rendant à la gare. Je ne les connaissais pas, mais ils m'ont appelé par mon prénom : « Es-tu Ahmed ? » J'ai répondu oui. Ils m'ont annoncé : « Ton frère a été engagé. » J'ai pris le train, je suis descendu à Biskra, où j'ai attrapé le car pour Tolga. À Tolga, je suis passé devant la SAS, et, du car, j'ai vu mon frère – mon demi-frère – sur le chemin, devant la porte.

On était en 1956, les SAS cherchaient activement des recrues parmi la population. L'un ramenait son frère, l'autre son père. Au début de la guerre, à Tolga, il n'y avait qu'un simple village en autodéfense, gardé par d'anciens combattants d'Indochine et de 1939-1945. Puis les gars du FLN ont réquisitionné tout le monde et sont montés dans le djebel. Alors, la SAS a été créée, ainsi qu'un poste militaire.

La SAS embauchait dans ma famille. Et un jour, j'ai été convoqué à mon tour. Mon frère avait parlé de moi. Je ne voulais pas m'engager. Mais ils m'ont dit : « Engagez-vous, sinon allez dans le djebel, parce que ce n'est pas bon pour vous de rester comme ça, sans choisir son camp. » La vie était devenue difficile. Entre le couvre-feu, la peur du FLN, la peur de l'armée, je ne pouvais plus aller simplement travailler. Alors, un jour, j'ai décidé de m'engager dans l'armée française. Je n'avais pas de contact du côté du FLN, les gens ne se montraient pas. Alors qu'avec l'armée française j'avais des liens directs : mon frère, un autre gars de la famille, des gars du village.

Quand j'ai été engagé, ma mère est venue vivre auprès de moi à la SAS, dans la caserne, comme toutes les familles des hommes enrôlés. En plus de ma mère vivaient avec nous mon frère, celui qui s'était engagé avant moi, et un cousin qui nous a rejoints par la suite. Une tante, mariée avec un gars du village, engagé lui aussi, était également là. La SAS était un gros village, où les familles, à l'abri du FLN, continuaient à vivre ensemble. On était environ quatre-vingts personnes. Il y avait une épicerie, le marché, tout ce qu'il nous fallait. Les gens sortaient, entraient à leur guise. On circulait comme on voulait. Si on ne voulait pas quitter le camp, le chauffeur du car pour Biskra faisait les courses pour tout le monde !

LA GUERRE

À la SAS, chaque recrue avait un poste bien déterminé. Une partie des engagés restait à la caserne pour gérer le secrétariat. Moi, j'étais affecté à la sécurité. J'étais chef d'un groupe de douze personnes. On sortait à cheval, en voiture ou à pied, toujours armés et en uniforme. La journée, on surveillait le marché en effectuant des contrôles – c'était un endroit où les attentats étaient fréquents. Le soir, on patrouillait dans le village. On était chargés du maintien de l'ordre, dans le village et à la sortie.

Chaque jour, on recevait un ordre de mission : par exemple, quand on apprenait que des gars du FLN cherchaient à entrer dans un village, on s'y rendait de nuit, ou tôt le matin, à cheval ou à pied, pour voir ce qui se passait. On devait se faire le plus discrets possible, car au moindre bruit du moteur, les gens du FLN se sauvaient. Si on avait appris que le FLN s'abritait dans une

« Je n'avais pas de contact du côté du FLN [...]. Alors qu'avec l'armée française j'avais des liens directs : mon frère, un autre gars de la famille, des gars du village. »

maison, on le signalait à nos supérieurs de l'armée ; des soldats arrivaient en voiture et raflaient tout le monde.

Un jour, à 4 heures du matin, je supervisais le contrôle d'un ravitaillement avec un groupe d'hommes, dont deux avaient quitté le djebel pour rejoindre l'armée française, et à qui je ne faisais aucune confiance. Surtout qu'un lieutenant leur avait donné des armes. Au moment où je suis entré dans la maison à contrôler, j'ai entendu tirer. J'avais laissé à la porte quatre hommes, dont deux devaient surveiller ceux que je trouvais suspects. Les deux gars du djebel avaient tiré sur les deux autres, pris leurs armes, et s'étaient sauvés. On a fouillé partout. On n'a jamais retrouvé les deux types. Bilan : deux soldats sont morts, et deux sont retournés au FLN. On a su ensuite qu'ils étaient venus à la SAS pour tuer le capitaine, ou le chef de la harka, ancien FLN rallié à la France, et qui connaissait le djebel comme sa poche.

Un autre jour, le capitaine nous a dit : « À 4 heures, on démarre pour deux jours. Prenez votre paquetage. » On s'est préparés, et à 4 heures précises, on est allés à la caserne où étaient regroupés des commandos, des Sénégalais, beaucoup de soldats qui venaient d'un peu partout. On a roulé dans la montagne pendant des heures. À la nuit tombée, on s'est arrêtés. Quand soudain on a remarqué des signaux lumineux. Un homme du FLN, avec une lampe électrique, tentait d'entrer en contact probablement avec d'autres gars de l'autre côté de la montagne. On a passé la nuit sur place. Le lendemain matin, au petit jour, on s'est approchés, et on a distingué les guitounes d'un village FLN. En nous voyant arriver, les gars du FLN, armés, se sont enfuis. Nous avons commencé à tirer sur ceux qui se sauvaient. Certains ont été tués, d'autres pris vivants.

On a enchaîné avec d'autres opérations de ce type dans les montagnes, à Biskra.

Il arrivait que certains soldats engagés dans l'armée française disparaissent, avec leurs armes. Ça a été le cas d'un harki et de deux spahis. Est-ce qu'ils ont été enlevés par le FLN ou sont-ils partis d'eux-mêmes ? On ne l'a jamais su. On ne sait pas pourquoi ces gars désertaient. Ils devaient être en contact, par leur famille ou des connais-

Certificat de recensement.

> Oui, je voulais souffler un peu. On ne savait pas comment ça se passerait en France, mais on voulait quitter l'Algérie, parce qu'on avait peur de tout le monde. On avait même peur de nos familles.

sances, avec le FLN qui réussissait à les convaincre de prendre les armes et de déserter. Mais monter dans le djebel ne se faisait pas comme ça. Il fallait donner des garanties, des gages de son engagement : par exemple, descendre dans un café fréquenté par des pieds-noirs, et lancer une grenade. Souvent, pour rejoindre le djebel ou entrer au FLN, vous deviez avoir tué quelqu'un.

Moi, je n'y pensais même pas. J'avais ma famille à la SAS, je ne voulais pas déserter. Ceux qui pouvaient passer à l'acte étaient ceux qui n'avaient pas de famille.

PARIS, LA FPA

J'ai quitté l'Algérie le 1er octobre 1960. J'avais 20 ans. J'étais en opérations dans la montagne, quand notre capitaine nous a annoncé que si certains voulaient aller en France, ils pouvaient rejoindre la Force de police auxiliaire, la FPA. C'est l'adjoint du capitaine Raymond Montaner, commandant la FPA, qui a proposé cette solution aux SAS avec qui il avait travaillé. On était peut-être deux cents. Sur deux cents, dix ou quinze se sont portés volontaires, dont mon frère et moi.

J'ai accepté, parce que je voulais quitter l'Algérie, sortir de la haine que je voyais tous les jours. La guerre d'Algérie, c'était un massacre. Des deux côtés. Ce n'était pas une guerre directe, entre militaires. Des civils attaquaient d'autres civils, ils égorgeaient les femmes, ils tuaient sur le marché. Le FLN repérait les gens qui entraient dans la caserne et les égorgeait à leur sortie. J'ai moi-même vu une femme venir à la caserne et se faire égorger le lendemain. Un jour, j'ai été dans un village avec le capitaine de la SAS ; il avait organisé une réunion pour dire aux habitants de rendre les armes, d'arrêter la rébellion. Après la réunion, il a discuté avec un vieux qui avait fait l'Indochine et avec d'autres familles. Puis on est rentrés. La nuit même, le FLN a égorgé les membres de sept familles, attachés les uns aux autres. Quant au vieux chef d'Indochine, on l'a retrouvé au milieu de la rue, avec une lettre dans la bouche. Je l'ai vu de mes yeux.

Je voulais changer de vie, parce que ce n'était plus possible. Oui, je voulais souffler un peu. On ne savait pas comment ça se passerait en France, mais on voulait quitter l'Algérie, parce qu'on avait peur de tout le monde. On avait même peur de nos familles.

Le capitaine Montaner, patron de la FPA.

L'armée française nous a promis que, si on venait en France, nos parents nous rejoindraient par la suite. Moi, j'avais ma mère, ma femme, et une petite fille encore bébé. J'avais été marié à une cousine, à l'âge de 16 ans, lorsque j'étais entré à la SAS. On était alors mineurs tous les deux, notre mariage avait été arrangé par nos familles selon les coutumes de l'époque en Algérie. Ma mère avait vu que tous les gars de la SAS autour de nous étaient mariés, elle ne m'avait pas laissé le choix.

La promesse du regroupement familial n'a pas été tenue. À Paris, on vivait dans une caserne, celle de Romainville, et dans une caserne il n'y a pas de famille, ce que j'ignorais. On était plus de quatre cents. Que des célibataires ! Personne n'était accompagné de sa famille, même pas les officiers français. J'ai été rassuré lorsque j'ai appris qu'on avait une permission tous les six mois, et qu'à cette occasion on pouvait repartir en Algérie.

J'avais laissé ma mère, mon épouse et ma petite fille à la SAS, aux bons soins d'un parent. Mais, alors que j'étais déjà à Paris, un capitaine nouvellement arrivé à Tolga a ordonné que les familles de ceux qui étaient partis en France quittent la SAS. Ils les mettaient en danger en les expulsant alors qu'ils avaient promis de les rapatrier ! Je ne l'ai su que six mois plus tard, lors de ma première permission. Je ne pouvais pas rentrer en France avec elles, je vivais à la caserne, je n'avais pas de logement à moi. Alors, je les ai emmenées toutes les trois chez un cousin, et je suis reparti à la FPA, à Paris.

NANTERRE, LA GOUTTE-D'OR, AUBERVILLIERS

À la caserne, l'armée m'a d'abord donné quelques cours. J'ai dû apprendre à parler français. Essayé d'apprendre à lire et à écrire. Apprendre le droit. Apprendre comment les choses se passaient en France. La légitime défense, par exemple. En Algérie, il n'y a pas de légitime défense. Apprendre les usages : comment parler à une femme, comment parler à un homme, comment se comporter avec une femme qui porte une alliance, comment céder la place à une femme enceinte. Apprendre la discipline, le sport. Le soir, on allait à la piscine, on jouait au football. Ça nous changeait de l'école. On mangeait à la cantine. C'était une vie de soldat, sans famille.

J'occupais la fonction de garde du corps du commandant Montaner, le chef des quatre cents hommes de la FPA. Je ne le quittais jamais. C'était mon travail. On était quatre à son service. Deux chauffeurs et deux gardes du corps. Je suivais le capitaine Montaner partout quand il se déplaçait, chez le préfet de police, chez le maire de Paris, et à tous les postes : Gennevilliers, Nanterre, dans le 13e, le 18e… Il fallait le protéger en cas d'attentat, car il était en danger. J'étais aussi son homme de confiance. Je lui apportais son journal, son café le matin. Dès qu'il sortait, je sortais avec lui. J'étais en civil, mais armé. J'avais le grade de sous-brigadier.

Je ne me souviens plus exactement où nous étions le 17 octobre 1961, quand le couvre-feu a été imposé aux Algériens par la Préfecture de police et que le FLN a appelé à une manifestation. Je crois qu'on était chez le préfet de police, Maurice Papon, où Montaner recevait les ordres du ministre de l'Intérieur. Mais le lendemain, sur ordre de Papon, on a encerclé Nanterre pour empêcher les FLN de se réunir à nouveau. Il fallait que personne ne sorte, personne ne bouge. À 5 heures du matin, chacun devait rester chez soi. Celui qui voulait sortir trouvait un gars devant chez lui pour l'en empêcher. Pendant cette opération, j'ai retrouvé à Nanterre des gars que j'avais laissés à la SAS de Tolga.

À Nanterre, dans les cafés de la Goutte-d'Or, il y avait beaucoup d'attentats. Le FLN attaquait partout. La FPA avait trois postes, dont un dans

> « Alors que j'étais déjà à Paris, un capitaine nouvellement arrivé à Tolga a ordonné que les familles de ceux qui étaient partis en France quittent la SAS. Ils les mettaient en danger en les expulsant alors qu'ils avaient promis de les rapatrier ! »

le 13e arrondissement, boulevard de la Gare. Une fois, alors que j'étais avec Montaner, on a reçu un premier appel par radio : le boulevard de la Gare était attaqué. Alors que nous étions en chemin, nous avons dû faire demi-tour parce qu'il y avait eu une autre attaque, plus meurtrière, rue de la Goutte-d'Or. Ce jour-là, nous avons été trahis : des gars, en uniforme de l'armée, avaient attaqué dans le 13e et la rue de la Goutte-d'Or le même jour, au même moment.

Nous, les gars de la FPA, on était « connus ». On tournait dans les rues à trois ou quatre, en uniforme, comme les CRS aujourd'hui. Un jour, rue de la Goutte-d'Or, le chauffeur et moi avons été approchés par une femme. Elle nous a invités dans un bistrot car elle voulait nous parler. Mais immédiatement, on a repéré des types en civil qui nous attendaient. C'était un piège. On s'en est rendu compte tout de suite. Ils voulaient nous prendre vivants. On est sortis du bistrot et on est partis.

Durant cette période, j'ai combattu et j'ai tiré. Une nuit, rue de la Goutte-d'Or, le FLN nous a attaqués. J'ai tiré sur un homme, il est tombé à terre. J'ai bien pensé que c'était un Algérien, comme moi, mais la guerre, c'est la guerre. Il défendait sa peau, je défendais la mienne, je n'avais pas le choix. Je n'allais pas le laisser faire parce qu'il était algérien, sinon c'était moi qui mourais. Et ça aurait été une trahison. Une trahison pour moi, et une trahison pour tout le groupe.

Certains coins de Paris étaient très dangereux. Surtout les cafés arabes. Quand on était en permission, on avait le droit de sortir jusqu'à 1 heure du matin. On allait rarement dans les cafés arabes, uniquement si on connaissait l'endroit, et si on était deux, trois ou quatre. On fréquentait essentiellement les cafés français.

La FPA était basée à la caserne de Romainville. Et de là, on se rendait dans les postes installés dans les hôtels arabes. On était positionnés là où il y avait les Arabes. Rue de la Goutte-d'Or et rue de la Charbonnière, il y avait trois postes. Dans le 13e, deux postes. À Gennevilliers, un poste dans le quartier arabe. À Nanterre, on protégeait le stock de pétrole vingt-quatre heures sur vingt-quatre. À Aubervilliers, on surveillait les usines. Certains FLN travaillaient avec nous, nous fournissaient des renseignements. C'est grâce à eux qu'une nuit, à 5 heures du matin, on a fait une descente à La Courneuve. On a ramassé tous les Arabes chez eux. On les a embarqués dans les cars jusqu'à Orly et renvoyés en Algérie.

« Une nuit, rue de la Goutte-d'Or, le FLN nous a attaqués. J'ai tiré sur un homme, il est tombé à terre. J'ai bien pensé que c'était un Algérien, comme moi, mais la guerre, c'est la guerre. »

MARS 1962, CESSEZ-LE-FEU

Quelques jours avant le cessez-le-feu, le capitaine qui nous avait engagés à la FPA en Algérie m'a envoyé un télégramme : « Ramène les gars qui étaient à la SAS de Tolga. » Il nous invitait à un méchoui, au château de Vincennes. C'était une rencontre officieuse. Après le repas, il nous a dit : « S'il y a des gars qui veulent retourner en Algérie, il faut y aller maintenant. » Les dix à quinze du groupe qui étions concernés, on en a parlé entre nous, mais on n'avait pas bien compris ce que ces paroles signifiaient. Montaner m'avait aussi dit : « Si vous voulez rentrer en Algérie, vous rentrez maintenant. Parce qu'après ce sera trop tard. »

Le matin du cessez-le-feu, à 9 heures, j'ai accompagné Montaner de la caserne jusque chez le préfet, sur l'île de la Cité. Il est ressorti de la Préfecture vers 3 heures de l'après-midi. Nous l'avions attendu dans la voiture, sans manger. Quand il est sorti, on a senti que quelque chose n'allait pas. D'abord parce que, d'habitude, il ne restait pas si longtemps chez le préfet, et ensuite parce qu'il était en colère ; il a même claqué la porte. Une fois rentré à la caserne, il m'a dit : « Tu vas me chercher les chefs de service. » Je suis revenu avec les lieutenants, les commandants, les cadres, qui sont tous entrés dans son bureau. Je ne savais toujours pas ce qui se passait. Personne ne me disait rien, mais je sentais que quelque chose clochait. Je suis rentré au foyer, et j'ai appelé mon frère, pour lui dire : « Il y a quelque chose là qui ne va pas… » J'ai croisé un pied-noir qui me connaissait, à qui j'ai répété : « Depuis ce matin, il y a quelque chose qui ne va pas, et je ne sais pas ce que c'est. » Il m'a répondu : « Regarde la télévision tout à l'heure. Regarde à midi, et à minuit. » J'ai appelé mon frère à nouveau. On a

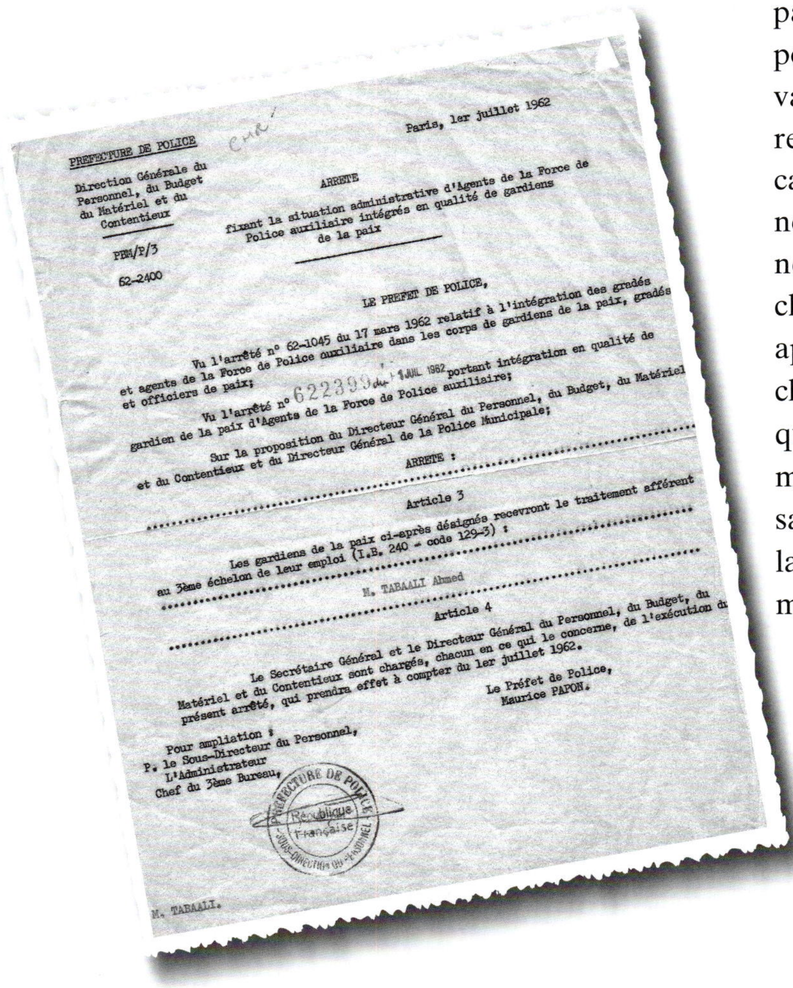

PREFECTURE DE POLICE

Direction Générale du Personnel, du Budget du Matériel et du Contentieux

PBM/P/3

62-2400

Paris, 1er juillet 1962

ARRETE

fixant la situation administrative d'Agents de la Force de Police auxiliaire intégrés en qualité de gardiens de la paix

LE PREFET DE POLICE,

Vu l'arrêté n° 62-1045 du 17 mars 1962 relatif à l'intégration des gradés et agents de la Force de Police auxiliaire dans les corps de gardiens de la paix, gradés et officiers de paix;

Vu l'arrêté n° 622399 du 1 JUIL 1962 portant intégration en qualité de gardien de la paix d'Agents de la Force de Police auxiliaire;

Sur la proposition du Directeur Général du Personnel, du Budget, du Matériel et du Contentieux et du Directeur Général de la Police Municipale;

ARRETE :

....

Article 3

....

Les gardiens de la paix ci-après désignés recevront le traitement afférent au 3ème échelon de leur emploi (I.B. 240 - code 129-3) :

....

M. TABAALI Ahmed

....

Article 4

....

Le Secrétaire Général et le Directeur Général du Personnel, du Budget, du Matériel et du Contentieux sont chargés, chacun en ce qui le concerne, de l'exécution du présent arrêté, qui prendra effet à compter du 1er juillet 1962.

Le Préfet de Police,
Maurice PAPON.

Pour ampliation :
P. le Sous-Directeur du Personnel,
L'Administrateur
Chef du 3ème Bureau,

PREFECTURE DE POLICE – République Française – SOUS-DIRECTION DU PERSONNEL

M. TABAALI.

Arrêté fixant la situation administrative des agents de la FPA.

> On a regardé ensemble la télévision au foyer à minuit pile. On y a vu de Gaulle. On a entendu « l'Algérie algérienne ». C'était terminé. Le lendemain, on nous avait déjà repris les armes.

regardé ensemble la télévision au foyer à minuit pile. On y a vu de Gaulle. On a entendu « l'Algérie algérienne ». C'était terminé.

Le lendemain, on nous avait déjà repris les armes. Les chefs de service y sont allés tout doucement, et c'est nous qui les avons rendues gentiment. Chacun les apportait. On n'avait plus besoin d'armes, le préfet avait ordonné qu'on ne sorte plus. On était consignés. On était comme des chèvres dans la caserne, on ne savait pas quoi faire, on ne savait pas où on allait. On était perdus. Personne ne m'a donné d'explications. Jamais.

RETOUR EN ALGÉRIE

À la caserne, nos chefs nous ont annoncé que, si on voulait revoir notre famille, on pouvait faire l'aller-retour en Algérie. Avec mon frère et des copains, on a décidé d'en profiter tout de suite. Comme ils nous avaient dit de nous dépêcher, on a eu peur qu'après il ne soit trop tard. On est partis à sept, par un vol civil pour Alger. À cause d'un attentat dans la capitale, l'avion a été détourné et s'est posé à Blida. On a attendu que les choses se calment, et on est repartis pour Alger.

À notre arrivée, l'aéroport était noir de monde ; Alger aussi était noir de monde. Tous les Français, les pieds-noirs, cherchaient à quitter le pays. Ils attendaient l'avion pour Paris depuis quatre ou cinq jours. Et nous, les sept, il fallait qu'on rentre chez nous. L'un m'a demandé : « Qu'est-ce qu'on fait ? » J'ai répondu : « Nous sommes là. On va aller voir nos familles. » On a quitté Alger pour Touggourt. De Touggourt, chacun est parti de son côté dans son village. Je suis allé chez mon cousin, à Djamaa, où j'ai retrouvé ma mère et ma fille.

J'ai passé une nuit à Tolga, où le FLN, partout, fêtait l'indépendance. La SAS était vide. J'ai retrouvé quelques-uns de ceux qui étaient restés à la SAS. Ils étaient complètement perdus, attendant devant chez le préfet qu'on leur fasse l'aumône. Il n'y avait plus d'armée, plus de caserne. Plus rien.

Je n'ai passé qu'une nuit à Tolga, car j'avais peur. Je me sentais en danger. Le lendemain, j'ai pris le car pour Biskra parce que je savais que l'armée, qui pouvait me protéger, était encore là-bas. J'ai retrouvé d'anciens camarades avec qui j'avais travaillé. J'en ai sauvé quelques-uns en leur proposant de me suivre en France. Deux ou trois sont montés dans un camion militaire, ont pris l'avion pour la France. Quand j'ai quitté Biskra, j'ai récupéré un peu de ravitaillement, et je suis redescendu à Djamaa. J'ai passé la nuit chez mon cousin. Et j'ai pris la décision de rentrer le plus vite possible en France. Par sécurité, je n'en ai rien dit à personne. Je suis retourné à l'aéroport de Touggourt, où j'ai attrapé le premier vol pour Alger.

À Alger, il y avait toujours autant de monde qui attendait jour après jour une place dans un avion. J'ai abandonné mes espadrilles, mis une cravate, une veste, des chaussures, et je suis allé montrer mon ordre de mission et mon aller-retour. On m'a répondu : « Il y a des gens qui attendent depuis des jours et des jours, on verra. » Je ne sais pas comment ça s'est passé, mais j'ai été appelé le soir même : « Monsieur Tabaali, vous avez une place dans ce vol, si vous voulez rentrer. Vous rentrez par Marseille. » Du moment que je quittais le pays, je rentrais où ils voulaient ! J'étais seul, j'avais peur. Dans l'avion, il y avait une foule de pieds-noirs. Personne ne savait ce qui allait se passer. Ils avaient peur, eux aussi. À Marseille, j'ai pris un café avec eux, puis on est rentrés à Paris, et j'ai retrouvé la caserne.

J'ai expliqué au commandant Montaner tout ce qui s'était passé en Algérie. Il m'a aidé à trouver des billets d'avion, par Air France, et à les envoyer en Algérie. Mais j'ai reçu un télégramme des autorités algériennes qui interdisaient à ma famille de me rejoindre. Je n'ai ensuite plus eu de nouvelles.

Je n'ai revu ma mère qu'au milieu des années 1980, quand elle est venue en France pour la première fois. Je n'ai revu ma fille qu'en 2006, elle avait 50 ans. Je n'ai jamais revu ma femme, qui s'est remariée avec un FLN.

MA VIE EN FRANCE

Montaner nous avait donné le choix : les gars qui voulaient continuer dans l'armée continuaient dans l'armée. Ceux qui voulaient rentrer à la Préfecture de police rentraient à la Préfecture de police. Ceux qui préféraient retourner à la vie civile, il les aiderait à trouver du travail. Il avait menacé le préfet Papon, et derrière Papon, l'armée, les capitaines, les généraux : « Si vous ne laissez pas le choix à mes hommes, je les lâche dans les rues de Paris. »

Les gars qui avaient choisi de rester français devaient passer devant le juge. Pour moi, la « déclaration en vue de la reconnaissance de la nationalité française » a eu lieu le 8 janvier 1963.

RÉPUBLIQUE FRANÇAISE

MINISTÈRE DE LA JUSTICE

TRIBUNAL D'INSTANCE DE NOISY-LE-SEC

Noisy-le-Sec le 28 Janvier 1963

Déclaration en vue de la reconnaissance de la nationalité française

(Application de l'article 2 de l'Ordonnance n° 62-825 du 21 juillet 1962)

L'An mil neuf cent soixante trois et le vingt huit du mois de janvier par devant NOUS, Juge du Tribunal d'Instance de Noisy-le-Sec, département de la Seine s'est présenté Mr. TABAALI Ahmed demeurant à ROMAINVILLE (Seine) au Fort de Noisy-le-Sec né à Batna (ALGERIE) le II Août 1940 de feu TABAALI Djemaoui né à Ourlane (ALGERIE) le présumé 1911 et de MEBARARRA M'Barka née à (ALGERIE) le présumé 1923

(indications qui résultent des pièces produites)

Lequel nous a déclaré vouloir se faire reconnaître la nationalité française en vertu des dispositions de l'article 2 de l'Ordonnance du 21 juillet 1962.

Le sieur TABAALI Ahmed a été invité à nous remettre pour être joints au dossier de la présente déclaration :

1° Son acte de naissance,

(*éventuellement*) son acte de mariage et les actes de naissance de ses enfants susceptibles d'être saisis par les dispositions de l'article 153 du Code de la nationalité française au Titre VII duquel l'article 2 de l'Ordonnance du 21 juillet 1962 renvoie expressément;

.../...

62 O.M. 57

Déclaration en vue de la reconnaissance de la nationalité française.

Rassemblement de la police avant la manifestation algérienne du 17 octobre 1961.

J'ai servi Montaner jusqu'au dernier moment, en octobre 1963, puis il m'a fait affecter au service technique et télécoms de la Préfecture de police. J'ai été gardien de la paix à la Cité, de 1963 jusqu'à ma retraite, le 1er janvier 1991.

Je me suis remarié avec une Bretonne, Bernadette, et nous avons eu quatre enfants, Corinne, Mebarka – c'est le prénom de ma mère –, Franck et Ahmed. Aux prénoms algériens, on a ajouté un prénom français : Mebarka-Denise, Ahmed-Stéphane. Puis j'ai divorcé, et après une longue bataille devant le juge, pendant laquelle les enfants ont été placés chez une nourrice par la DDASS, j'ai obtenu leur garde. Pendant toute cette procédure, le capitaine Montaner m'a aidé : il m'a trouvé un avocat et soutenu financièrement. Après mon divorce, j'ai élevé mes enfants seul. Aujourd'hui, Corinne est cadre supérieur au conseil général du Tarn, elle a un enfant. Mebarka, qu'on appelle « Baka », est contrôleur juridique au tribunal de commerce de Paris, elle a deux enfants. Franck est directeur de l'organisation et de la production pour une filiale du groupe Banque populaire Caisse d'épargne, il a un enfant. Ahmed est aide-soignant et a un enfant aussi.

Après de longues années de célibat, je me suis marié une troisième fois, avec une cousine du

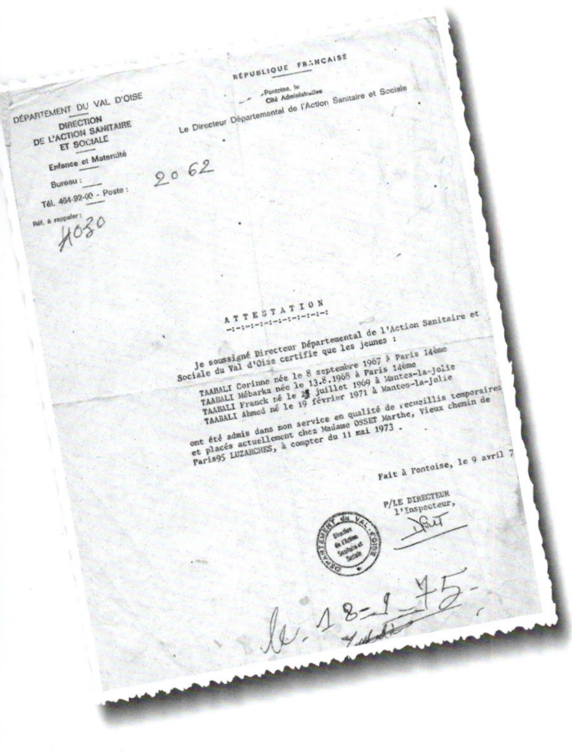

DÉPARTEMENT DU VAL D'OISE
DIRECTION
DE L'ACTION SANITAIRE
ET SOCIALE
Enfance et Maternité
Bureau :
Tél. 464-92-00 - Poste :
Réf. à rappeler : 4030

RÉPUBLIQUE FRANÇAISE

Pontoise, le
Cité Administrative

Le Directeur Départemental de l'Action Sanitaire et Sociale

2062

ATTESTATION

Je soussigné Directeur Départemental de l'Action Sanitaire et Sociale du Val d'Oise certifie que les jeunes :

TAABALI Corinne née le 8 septembre 1967 à Paris 14ème
TAABALI Mébarka née le 13.8.1968 à Paris 14ème
TAABALI Franck né le 25 juillet 1969 à Mantes-la-Jolie
TAABALI Ahmed né le 19 février 1971 à Mantes-la-Jolie

ont été admis dans mon service en qualité de recueillis temporaires et placés actuellement chez Madame OSSET Marthe, Vieux chemin de Paris95 LUZARCHES, à compter du 11 mai 1973.

Fait à Pontoise, le 9 avril 7

P/LE DIRECTEUR
l'Inspecteur,

le 18-1-75.

Attestation DDASS des enfants recueillis du 9 avril 1974.

pays que la famille a amenée en France. Nous avons eu trois enfants : Sonia, Amelle et Yliès, le plus jeune, qui a 14 ans.

En 1984-1985, ma mère est venue en France. C'était la première fois que je la revoyais. Elle avait élevé ma fille après le départ de ma première femme. Ma mère n'a pas voulu vivre avec nous en France. Elle s'ennuyait, elle ne comprenait pas le français, ses habitudes lui manquaient, alors, elle est repartie. Elle est décédée dix ans plus tard, et je n'ai pas pu aller à son enterrement.

Je vis aujourd'hui dans la banlieue parisienne. J'ai aussi habité à Mantes-la-Jolie, à Goussainville. Quand, à l'époque, avec Bernadette, ma deuxième épouse, on a cherché un appartement par petites annonces, et que je voulais le visiter, on m'envoyait balader. L'un me disait : « Il ne faut pas y compter, parce que vous êtes noir. » Un autre, c'était « parce que vous êtes un Arabe ». Et un autre : « Parce que vous êtes flic. » J'ai souffert du racisme de la part des Français, comme des Arabes.

Au travail, j'ai reçu beaucoup de soutien de la part de mes collègues français. Avec les gradés, en revanche, ça n'a pas été toujours facile ; un sur deux n'aimait pas les harkis ou n'aimait pas les Arabes. On ne m'a pas fait de cadeau. Mais j'ai toujours trouvé quelqu'un qui m'a fait du bien, quand un autre me faisait du mal. Je suis arrivé à m'en sortir grâce à Montaner qui m'avait laissé un bon dossier. À la Préfecture, je suis toujours resté à la même place, jusqu'à la fin. Je ne sais pas pourquoi. Montaner a toujours refusé que je bouge. C'était pour me protéger, je pense.

> Puis j'ai retrouvé ma fille, après si longtemps. Elle avait 50 ans ! Je l'avais quittée à 4 ans.

2006

Je suis retourné en Algérie, avec mon fils Franck, en 2006 ; ma mère était déjà décédée depuis plus de vingt ans. J'y suis resté une semaine, le temps de revoir tous les endroits où j'avais vécu. Je n'avais prévenu personne de notre voyage, même pas ma fille que je n'avais pas revue depuis quarante-six ans. Par crainte, peut-être ; et j'ai toujours été un peu discret. Mon fils trouvait aussi que c'était plus prudent de ne pas s'annoncer. Je n'avais pas confiance. Pas tant en l'État algérien qu'en ma propre famille. Je ne m'entends pas avec tout le monde, certains me reprochent d'avoir choisi la France. Pour eux, je suis un Roumi, un Européen, et ils sont des Arabes.

On a atterri à Batna, le 1er novembre. L'anniversaire du début de la guerre d'Algérie, le jour où tout a démarré. On a d'abord été reçus dans la famille de ma troisième femme. Un accueil magnifique. Puis j'ai retrouvé ma fille, après si longtemps. Elle avait 50 ans ! Je l'avais quittée à 4 ans. Elle ne s'y attendait pas, évidemment, elle a éclaté en larmes en me voyant. Franck a filmé notre rencontre, c'était très émouvant. Ma fille a eu une jeunesse difficile, marginalisée parce que c'était une enfant de harki ; elle n'a pas revu sa mère. Depuis, on est restés en contact, elle vient de me téléphoner pour m'inviter au mariage de ses enfants. Mes petits-enfants.

Je suis retourné dans le village de mon enfance, Djamaa. Ma maison était en ruine. Je suis retourné à la ferme des colons où je travaillais. Il n'y avait plus rien, le lieu était abandonné. J'ai reconnu l'Algérie d'avant, mais déformée. À Biskra, depuis que les colons sont partis, les gens ne travaillent pas. Les dattes, maintenant, se vendent dans la rue. Il n'y a plus ni oranges, ni pommes, ni pastèques. La vie est chère. La terre est abandonnée. Tout est abandonné. C'est triste.

L'Algérie, pour moi, c'est terminé. Quand je pense à la mort, mon choix est déjà fait. Ici, j'ai mes enfants. Là-bas, je n'ai personne, à part ma fille. Toute ma famille est en France. Je resterai en France. Je suis français pour toujours. ■

Ahmed Tabaali en uniforme « police », en 1961, au fort de Romainville.

Le lieutenant Armand Bénésis de Rotrou au volant,
avec son conducteur et son garde du corps.

Lieutenant-colonel Armand Bénésis de Rotrou

« homme d'honneur » 78 ans

Avec un père militaire, un grand-père militaire, descendants d'une lignée d'aïeux engagés dans l'armée « depuis toujours », est-ce qu'il avait le choix ? Armand Bénésis de Rotrou se dit lui-même « né pour être militaire ». Quand la guerre d'Algérie a éclaté, il était malade. Il le regrette encore : « Mes parents ne me pardonnaient pas de ne pas être en train de me battre. » À peine rétabli, il s'est engagé. Il a obéi. Il a toujours obéi. Sauf un jour de mars 1962, quand sa hiérarchie lui a donné l'ordre de désarmer ses harkis.

Armand Bénésis de Rotrou défilant à la tête de la 2e compagnie du commando musulman.

« NÉ POUR ÊTRE MILITAIRE »

Réformé temporaire au conseil de révision pour troubles auditifs remontant à l'enfance, après interventions chirurgicales, j'ai pu rejoindre l'armée au titre du service national le 1er octobre 1956 et j'ai été directement envoyé à Saint-Maixent, l'école des officiers de réserve. Au bout de six mois, j'ai pu rejoindre l'Algérie, enfin. Je suis parti content.

J'avais 24 ans. La plupart des jeunes officiers célibataires étaient dans le même état d'esprit. À ma sortie de l'école, j'étais aspirant, puis je suis devenu sous-lieutenant fin 1956, et lieutenant fin 1958. J'ai fait l'Algérie comme lieutenant.

En avril 1957, je suis arrivé au 4e bataillon de chasseurs portés, qui était à pied. Nous étions une unité opérationnelle, on était appelés partout où ça chauffait, par exemple au sud de Bida, à Palestro, où une section venait d'être massacrée, dans le pré-Sahara à l'ouest sur la frontière marocaine. Nous avons finalement été implantés dans l'Oranais comme troupe de quadrillage. Dans mon bataillon, nous avions 20 % de musulmans. Chaque compagnie avait sa harka, une petite ou une grande. Nous, nous avions une petite unité de harkis, dont j'étais le chef. J'ai commandé des musulmans très tôt et pratiquement tout le temps de la guerre d'Algérie. Et ces musulmans n'étaient pas prêts à basculer vers le FLN.

LE COMMANDO GEORGES

Je ne dis pas que nous étions pleins d'illusions, mais je n'ai jamais eu le sentiment que nous allions perdre l'Algérie. Mon opinion, à l'époque, était qu'il fallait ramener la sécurité d'abord, et la paix ensuite. Nous avions la population musulmane avec nous. Car les premiers visés par le FLN n'étaient pas les Européens, pieds-noirs ou militaires. Leurs vrais ennemis, c'était les musulmans qui n'étaient pas FLN, et qui, fatalement, sans avoir besoin de le dire, basculaient du côté de la France. Ils ont commencé par assassiner les gardes champêtres, les anciens officiers. Les gens se faisaient égorger, éventrer, et quand vous avez

Un hélicoptère cargo H. 34 en opérations.

Insigne métallique de brevet « commando ».

vu une femme enceinte éventrée… C'était épouvantable. Ma mission était de ramener la paix. Et, une fois que la paix était revenue, de dire aux fellaghas : « Ça suffit, on va négocier. On va faire une Algérie nouvelle. »

Au mois d'août 1959, j'ai été volontaire pour rejoindre Bigeard, à Saïda. Le fameux colonel Marcel Bigeard venait de créer le commando Georges. Il avait lancé un message à tout le corps d'armée d'Oran, demandant un lieutenant volontaire pour rejoindre ce nouveau commando de chasse, composé de rebelles FLN ralliés à la France. Je savais que c'était le nec plus ultra. Moi qui voulais toujours faire au mieux mon métier, au mieux ma mission en Algérie, je me suis présenté et j'ai été désigné.

À l'époque, je commençais à savoir, par des bruits qui couraient, que de Gaulle était pour l'indépendance de l'Algérie. Mais moi, je croyais encore à l'Algérie française, parce que le peuple algérien y croyait – il y a cru jusqu'au dernier moment. Il disait : « Jamais la France ne nous laissera tomber, la France est trop forte, trop puissante. » J'ai été incorporé au commando Georges, sous le nom d'« Armand ». C'était notre indicatif radio. Bigeard avait gardé celui d'Indochine, « Bruno ». Georges Grillot, le commandant, c'était « Georges » ; Youssef Ben Brahim, adjoint aux renseignements, c'était « Youssef » ; et moi, adjoint, c'était Armand, donc, mon prénom. On ne disait plus « le lieutenant Bénésis », on disait « le lieutenant Armand ».

Le commando Georges était composé d'anciens « fells » qui possédaient ce que les pauvres appelés n'avaient pas : la connaissance du terrain, de la population, et surtout des habitudes guer-

> « Je ne dis pas que nous étions pleins d'illusions, mais je n'ai jamais eu le sentiment que nous allions perdre l'Algérie. »

Insignes du commando Georges.

rières « fells ». Les pistes qu'ils empruntaient, la façon d'échapper à l'armée, les combats. Quand ils faisaient un prisonnier, un « fell », c'était un type qui leur ressemblait comme deux gouttes d'eau. Ils lui disaient : « Mets-toi à table, regarde-moi, j'ai une belle tenue, j'ai un fusil, j'ai une solde et toi, tu fais une guerre qui est vouée à l'échec, alors rejoins-nous. » Pour moi, la torture, c'est ce que pratiquaient les régimes totalitaires : écraser les doigts, crever les yeux, arracher les ongles, etc. Je n'ai jamais mangé de ce pain-là, j'ai toujours fait du renseignement qui me rapportait, sans même la nécessité de donner une gifle.

À Saïda, Georges et moi avions deux cent cinquante personnes sous nos ordres, toutes avaient travaillé avec ou pour le FLN.

Quand Bigeard a créé le commando, le 25 janvier 1959, Saïda était l'un des secteurs les plus dangereux et les plus meurtriers d'Algérie. Les fellaghas venaient en ville tirer des rafales, les militaires se calfeutraient. Cinq mois plus tard, c'était un secteur modèle. Les Européens, les pieds-noirs sortaient à nouveau, allaient au café, ce qu'ils ne faisaient plus parce qu'ils avaient peur d'être tués. Les musulmans aussi sortaient et allaient au café ; sur les trottoirs, ils vous regardaient bien droit dans les yeux. Avant, ils n'osaient pas. Bigeard, chef de guerre, avait, selon les croyances locales, la « baraka », la bénédiction divine. À ce titre, il a été l'objet d'un véritable culte de la part des autochtones : ils croyaient que désormais Dieu allait donner la victoire à la France.

« Bigeard a été l'objet d'un véritable culte de la part des autochtones : ils croyaient que désormais Dieu allait donner la victoire à la France. »

PREMIÈRE GIFLE

La première gifle qu'on a reçue a été le discours du 16 septembre 1959 sur l'autodétermination. Le général de Gaulle a fait une chose catastrophique : il a prononcé le mot « indépendance », un mot tabou. Chez les musulmans du commando, il y avait quatre « intellectuels » ; ils ont tous dit : « S'il décrit ce qui va se passer, c'est que ça peut se passer, c'est une éventualité. » J'ai discuté avec ces intellectuels qui partageaient mes doutes et avec les chefs de douars quand nous étions seuls, quand ils ne se sentaient pas observés. Eux aussi avaient des doutes et pensaient : « Les FLN vont arriver avec le couteau dans les bureaux de vote et c'est l'indépendance qui va gagner. » Le peuple, lui, pensait que c'était des paroles en l'air, que de Gaulle n'y connaissait rien, et qu'il comprendrait un jour. Le peuple ne croyait pas que la France pourrait perdre la guerre.

Georges, lui, continuait de mener une politique de fermeté. Moi, j'étais là pour me battre, je me suis battu jusqu'au bout. Et on remportait des victoires. Le commando Georges était tellement prestigieux que nous sommes passés « réserve de

L'arc du commando Georges surmonté des couleurs et encadrant le marabout.

zone », ensuite « réserve de corps d'armée », et enfin « réserve d'Algérie ». On nous envoyait partout où l'armée, avec des polytechniciens à sa tête, donnait des coups d'épée dans l'eau. Georges arrivait, se mettait en embuscade et, avec ses méthodes, du premier coup, éliminait leurs « fells ».

On nous a parfois reproché de ne pas avoir obéi aux ordres. Georges s'en moquait. Jamais il n'a pris d'arrêts à cause de ça. Car quand l'armée a vu que, depuis deux ans, elle n'avait pas tué un seul « fell », et que nous, d'un coup, on pouvait en abattre cinquante, ça l'a fait réfléchir.

Je continuais donc à faire mon métier, avec mes hommes, uniquement des musulmans. Je ne doutais pas de l'avenir de l'Algérie. Je me disais que de Gaulle, par la force des choses, un jour, serait obligé de revenir en arrière. J'étais porté par les musulmans qui croyaient encore à de Gaulle, mais qui le prenaient simplement pour un ignorant dans sa tour d'ivoire.

L'ÉLIMINATION DE BIGEARD

En janvier 1960, il y a eu la semaine des barricades. Pour nous, ça a correspondu à l'élimination de Bigeard. Passant outre son devoir de réserve, il avait rédigé une proclamation qui lui a coûté son commandement. Ça a été la deuxième grande gifle. Il avait dit quelque chose comme : « Les barricades, ce n'est pas bien, mais il faut comprendre les pieds-noirs », il s'est retrouvé avec soixante « gros », c'est-à-dire soixante jours d'arrêts de rigueur. Ensuite, il a été muté au fin fond de l'Afrique. Bigeard, on n'en parle plus.

Mais Georges a continué à se battre, à remporter des succès, pendant toute l'année 1960. Nous étions libres. Nous pouvions aller où nous voulions. Le commandement d'Alger faisait appel à nous, parce qu'il avait compris que, pour venir à bout des rebelles, il fallait que le commando Georges intervienne. Nous agissions partout, sauf dans le Constantinois, à l'autre bout de l'Algérie, l'apanage des parachutistes qui se débrouillaient bien, avec des chefs du gabarit de Bigeard.

Hormis le Constantinois, nous avons pacifié une bonne partie de l'Algérie.

« Ça a été la deuxième grande gifle. Il avait dit quelque chose comme : « Les barricades, ce n'est pas bien, mais il faut comprendre les pieds-noirs. » »

M. Delouvrier, délégué du gouvernement en Algérie, avec le capitaine Grillot, félicite l'adjudant-chef Bendida.

LA TRÊVE UNILATÉRALE

La troisième gifle a été la trêve unilatérale décidée par le Général en août 1961. Il a déclaré : « Pendant un mois, pour faire plaisir aux rebelles, on fait la trêve, on marque notre bonne volonté, marquez vous aussi la vôtre. » La trêve a été prolongée pendant deux mois et demi durant lesquels les attentats ont repris de plus belle. Tous les généraux, en général assez disciplinés, jusqu'aux commandants en chef, ont dit : « On ne peut plus tenir. » Alors, le Général a bien voulu revenir sur la trêve. Mais le mal était fait. Cette trêve, nous ne l'avons pas observée, loin de là. Le commando Georges continuait de monter des opérations et d'arrêter des rebelles. Il y en avait de trois catégories : ceux qui nous rejoignaient, les irréductibles qu'on remettait à la gendarmerie qui elle-même les remettait à la justice, et ceux qu'on envoyait dans des centres de rétention, où ils étaient bien nourris, bien logés, avant d'être relâchés après un certain temps.

L'OAS

Arrive le putsch des généraux, le 13 avril 1961. Ce n'était pas un putsch, le mot s'est imposé par la suite, c'était un mouvement. Je n'y ai pas adhéré, parce que j'étais dans le bled, et que je ne savais pas ce qui se passait. Je l'ai appris par hasard, quand on a « accroché » une bande de rebelles. Ils avaient un petit transistor d'une dizaine de centimètres sur cinq, qu'on a récupéré après l'intervention. On a alors écouté Radio Alger. J'étais seul dans le grand Sud avec une compagnie, Georges Grillot étant resté à Saïda avec les trois autres compagnies. Il avait compris que le rêve de l'Algérie française s'évanouissait, mais il opta sans réserve pour la légalité : ayant rassemblé les trois compagnies présentes, il leur avait dit : « Si le putsch réussit, nous prenons le maquis. »

Quand je suis rentré à Saïda, au bout d'une semaine, le putsch était terminé. Je n'avais plus qu'à m'aligner. Georges m'a convoqué et m'a dit : « Armand, il faut avoir un pied dans l'OAS, parce qu'un jour elle risque de gagner. » Il mettait toutes les chances de son côté. Moi, bien qu'attaché à la cause de l'Algérie française, je ne voulais pas rentrer là-dedans. Un organe de résistance, ça doit être protégé par le secret, cloisonné. À l'époque, les gens en parlaient trop librement ou se vantaient d'en faire partie. Dans mon travail, j'étais en relation avec un gendarme pied-noir, un type très sérieux, à qui j'ai demandé s'il était de l'OAS. Il m'a dit que oui, mais qu'il avait une cellule bien à part. Je lui ai dit : « On me demande de rentrer dans l'OAS, est-ce que vous m'acceptez ? » Il m'a accepté, m'assurant que je ne connaîtrais que lui, et m'a confié une mission banale : « Je ne vous demande qu'une chose, c'est de me fournir des munitions, des armes et des explosifs que j'utiliserai à bon escient. »

DÉNONCÉ

Nous avons été dénoncés. J'ai été sauvé par miracle. J'étais en train de faire un stage parachutiste à Blida quand Georges m'a téléphoné : il fallait que je rentre tout de suite. Il n'a pas voulu me préciser pourquoi, il m'a simplement dit : « C'est très grave. » J'en ai parlé à mon maître de stage, un type très bien, qui a téléphoné à un copain du commandement des Forces françaises à Alger. On lui a répondu, prudemment, en évitant toute parole « séditieuse » : « Cet officier est muté depuis hier au 81e régiment d'infanterie alpine (RIA), dans le Constantinois. »

C'est mon général qui avait cherché à me sauver en me mutant dans ce régiment perdu : « Qu'il le rejoigne au plus vite ! » J'ai réfléchi. Et j'ai refusé. C'était à mon avis le meilleur moyen pour que la police m'arrête rapidement. J'ai dit au capitaine qui commandait le stage que l'idéal serait que je sois hospitalisé, parce qu'on ne viendra pas me chercher à l'hôpital. Il avait des copains parmi les médecins, à qui il a expliqué la situation. Un médecin a accepté de me garder un mois. J'avais quand même des petits bobos à faire soigner. À la fin de mon hospitalisation, j'ai eu trente-six jours de permission de convalescence. On m'a conseillé de regagner la France pour me faire oublier, et surtout de ne pas aller voir ma famille ni mes amis. Il fallait que je disparaisse…

L'idée m'est venue de me faire opérer des séquelles d'une blessure provoquée par une grenade à fusil qui m'avait éclaté dans les jambes, en octobre 1959. J'avais des tas d'éclats un peu partout, et je ne m'étais jamais fait soigner. Nous, les militaires, sommes nos propres médecins. Tant que je pouvais marcher, je marchais. Les éclats ne me gênaient pas, parce qu'ils étaient petits et pratiquement à fleur de peau. De temps en temps, j'en grattais un et il partait. Mais il y en avait un qui ne partait pas, et qui était mal placé. Au final, je suis resté quinze jours à l'Hôpital américain pour subir deux opérations avec greffes.

> « Georges m'a convoqué et m'a dit : « Armand, il faut avoir un pied dans l'OAS, parce qu'un jour elle risque de gagner. » »

Les cadres d'une compagnie de défilé : Armand Bénésis de Rotrou debout entouré de Bendida et de Mohammedi.

> Vous disiez à un « bleu », un appelé français, de marcher dans telle direction, au bout d'un quart d'heure il partait en sens inverse. Vous demandiez à un musulman de marcher dans telle direction, il ne se trompait jamais.

RETOUR EN ALGÉRIE

À la fin de ma convalescence, je suis rentré en Algérie sans encombre, par bateau. J'en ai déduit que mon dossier avait disparu, ou alors qu'il avait été ajourné ou classé. Quoi qu'il en soit, fin octobre 1961, j'avais rejoint le 81e RIA, qui occupait le sous-secteur de Taher. J'étais exilé dans le Constantinois, à l'écart de tout. On m'avait donné la 7e compagnie, la plus isolée du régiment, complètement perdue dans le Sud, dans la forêt de chênes-lièges du djebel Chalala, sur le col de Souk el Tleta, un massif servant de repaire à plusieurs katibas, et qui comportait un danger pour une unité de quatre-vingts hommes, des appelés, parmi lesquels des mutés disciplinaires comme moi et, pour 20 %, des musulmans. Les munitions nous étaient comptées, à cause des mesures de prévention contre les dangers de la sédition.

Deux semaines avant mon arrivée, les rebelles avaient infligé des pertes à la compagnie (un mort, un blessé grave, armement et matériel perdus), et la compagnie se barricadait derrière des barbelés et des mines éclairantes. J'ai commencé par faire des reconnaissances, en mettant les musulmans dans le coup, en leur demandant de repérer les traces rebelles. J'ai fait ce qu'il fallait : la sécurité ne s'obtient pas en s'enfermant sur soi-même, derrière des murs et des barbelés, mais en allant chercher le renseignement directement sur l'ennemi. Avec ce que j'avais appris sur les fellaghas au commando Georges, j'ai éliminé une bande à peine huit jours après mon arrivée et récupéré deux mitrailleuses. La 7e compagnie avait vengé ses morts, lors d'une attaque des « fells » deux semaines plus tôt. Cela nous a valu des félicitations par un télégramme du commandement en chef en l'Algérie en personne, le 27 décembre 1961, et par quatre citations, dont une pour l'aspirant Khaled Benabed, qui commandait la section. La fierté était de retour. Le colonel commandant le régiment était ébahi. J'avais mis un peu la pagaille dans le dispositif en introduisant les méthodes de Bigeard, mais j'obtenais des résultats.

Les musulmans de ma compagnie marchaient sans problème. Beaucoup étaient du terroir, ils savaient lire les traces, parler à la population, ils avaient le sens du terrain. Vous disiez à un « bleu », un appelé français, de marcher dans telle direction, au bout d'un quart d'heure il partait en sens inverse. Vous demandiez à un musulman de marcher dans telle direction, il ne se trompait jamais.

Le sergent-chef Daho.

LA « CATASTROPHE » DU 19 MARS 1962

Nous n'avions pas de journaux ; de toute façon, nous n'avions pas le temps de les lire. Et quand on allumait la radio, c'était pour écouter les Platters. Le doute nous envahissait déjà, on ne s'occupait pas de la politique, parce qu'on savait que c'était du vent. On vivait en autarcie, on avait du travail, on avait froid, on avait faim. Il fallait aller chercher de l'eau, il fallait faire la cuisine. J'étais très occupé. Mais je prenais le temps de discuter avec les « intellectuels » de ma nouvelle compagnie, les gradés. J'avais quatre officiers sous mes ordres, dont un musulman, un type extraordinaire. Ils partageaient tous mon état d'esprit. On se demandait où on allait. De notre poste éloigné, nous n'avions qu'un faible écho des événements de ce début d'année 1962.

La déflation avait déjà commencé, ce qui s'est traduit sur le terrain par un retrait des troupes, d'abord dans le bled, ensuite dans les villes. Début février 1962, ma compagnie a reçu l'ordre de quitter son poste isolé. On a rejoint un autre poste à 10 kilomètres. Au bout de huit jours, ma hiérarchie m'a dit de dégager. On m'a dirigé vers un autre poste, à 10 kilomètres de Djidjelli, pratiquement au bord de la mer.

C'était début mars. Ce nouveau poste était articulé entre une ferme bâtie sur un mouvement de terrain, un éperon, au milieu de la forêt, à l'extrémité d'une piste carrossable, et un fortin qui en assurait la protection. À ce poste était rattachée une harka composée de vingt-quatre harkis, anciens rebelles commandés par le sergent Mokhtar Hank, un enfant du pays. C'était un type sensationnel, qui m'a tout de suite fait connaître la population, le secteur, et qui m'a présenté à sa famille.

Les harkis vivaient à l'extrémité de l'éperon sur lequel la ferme était bâtie et qui tombait ensuite dans la vallée. Ils avaient abattu les arbres, pour construire un petit village où ils avaient installé, avec leurs familles, une centaine de personnes environ. Ils avaient des poules, des lapins, des moutons, leur jardin potager. Il n'y avait pas de murs ni de barbelés autour de leur hameau, seulement les figuiers de Barbarie. Les harkis étaient des gens très proches de la nature. Leur protection, c'était leur sens du terrain, leur ouïe aussi fine que celle des chiens de chasse. Et il y avait les chiens, de vrais radars. Quand ils aboyaient, ça voulait dire que quelque chose se passait à un ou deux kilomètres.

Et le 19 mars 1962 est arrivé l'ordre du cessez-le-feu.

L'adjudant-chef Bendida Bendida, responsable d'une « centaine » du commando Georges.

L'adjudant-chef Riguet.

L'adjudant Adda Sersar.

La catastrophe. J'ai vu un sergent musulman, un Kabyle, qui en a pleuré. Nous avions gagné la guerre, et nous n'avions plus rien à faire d'autre que du sport, aller à la chasse aux sangliers, manger, dormir, boire. Les trois quarts du secteur étaient déjà aux mains des rebelles. Selon les « accords » d'Évian, au moment du cessez-le-feu et du retrait des troupes, j'avais l'ordre officiel de chasser les katibas qui enfreignaient les consignes : les katibas, dès qu'on avait le dos tourné, se déplaçaient. Or elles devaient rester là où elles étaient. En fait, j'avais pour mission de leur dire de retourner chez elles ! C'était complètement idiot, mais j'y allais quand même, au risque de tomber dans des embuscades.

REFUS DE DÉSARMER LES HARKIS

Le 7 avril, j'ai reçu de mon régiment l'ordre de désarmer les harkis, « avant le 9 avril, terme de rigueur », par un message surchargé de la mention « secret ». Je ne l'ai pas fait. Je n'ai rien dit, je n'en ai rendu compte à personne. Je ne les ai pas désarmés, c'est tout, il n'y avait aucune explication à donner. Leurs armes étaient des fusils américains Garand, des semi-automatiques, et des fusils qu'on rechargeait à la main. Chacun en avait un, ainsi que des grenades. Si je leur avais enlevé leurs armes, comme il y avait des fellaghas partout et que la harka était à quelques centaines

« Si je leur avais enlevé leurs armes, comme il y avait des fellaghas partout et que la harka était à quelques centaines de mètres de notre poste, en une nuit, ils auraient été massacrés. »

Au pied d'une tente, un cuisinier d'un commando musulman fait goûter la soupe de l'ordinaire aux adjudants Bendida et Riguet.

de mètres de notre poste, en une nuit, ils auraient été massacrés.

Depuis le cessez-le-feu, cette harka ne dormait plus, les harkis étaient tous derrière leur porte à attendre les rebelles. S'ils leur étaient tombés dessus à cinq cents, ils n'auraient pas pu résister. Les dépouiller de leurs armes, c'était les condamner à mort. Même moi, j'avais peur. Trois katibas étaient installées autour de nous. Trois katibas, c'est quatre cent cinquante rebelles. J'avais quatre-vingts hommes, les harkis étaient vingt-quatre. Une centaine contre quatre cent cinquante. Tous les jours, nous montions la garde parce que nous avions peur.

Pour moi, désarmer mes harkis était un ordre inexécutable. Je n'avais pas conscience de faire quelque chose d'important sur le moment, ni de répréhensible. Si un chef m'avait reproché d'avoir désobéi, je lui aurais répondu : « Venez sur place, venez expliquer aux harkis qu'on va leur retirer leurs armes. » Si ça s'était su, comme j'avais la réputation de n'en faire qu'à ma tête, d'être un « Bigeard's boy », soit on relevait ma compagnie, soit on me relevait moi, soit on me mettait aux arrêts. J'ai posé la question à Mokhtar : « Je te laisse les armes, mais si je disparais ou si la compagnie disparaît, qu'il arrive des chars et qu'on te désarme par la force, qu'est-ce que tu fais ? » Il m'a répondu : « Pas de problème, je me tire une balle dans la tête, après avoir éliminé toute ma famille. »

> « Si un chef m'avait reproché d'avoir désobéi, je lui aurais répondu : « Venez sur place, venez expliquer aux harkis qu'on va leur retirer leurs armes. » »

LE CAPITAINE GEORGES MARCE

Le 15 avril, une forte tête de l'armée est venue me faire une visite-surprise. Le capitaine Georges Marce. Un héros. Ancien résistant, puis para Légion avec deux séjours en Indochine et l'Algérie, trois croix de guerre, huit citations. Il sortait de la prison de Fresnes pour sa participation au putsch des généraux de 1961. On l'avait envoyé dans ce régiment isolé où on regroupait tous les indésirables.

Je connaissais très bien ce capitaine et ses idées. Avec lui, j'étais tranquille. Il avait un tel charisme. Il avait décidé à sa seule initiative de faire signer des contrats d'engagement à nos gars. Nous n'avions pas d'ordres contraires mais, d'un côté, le message était : « Vous engagez tous ceux qui veulent » et, de l'autre, l'intendance ne les acceptait pas. Lui avait réussi à mettre tout le monde au garde-à-vous, son colonel, le commandant du régiment, le colonel commandant le secteur, et y compris l'intendance. Dans notre secteur, il y avait trois ou quatre harkas de vingt, soit quatre-vingts personnes et des SAS, de vingt, vingt-cinq, trente hommes. En tout, deux cent cinquante supplétifs. Il avait décidé de tous les engager. Il était arrivé dans ma compagnie et m'a dit : « Je viens régler le problème de votre harka. »

Il lui a fallu non seulement engager les harkis, mais aussi les rapatrier en France. C'est tout juste s'il n'a pas mis un pistolet sur le ventre d'un capitaine de bateau !

Le capitaine Marce faisait embarquer les gens à la rade de Cavallo, par petits groupes. Il a saucissonné la harka en trois, familles et célibataires, et il les a fait partir au petit bonheur la chance, dans des bateaux civils affrétés par le commandement pour rapatrier du matériel en France. Or il n'y avait rien à rapatrier parce que le matériel était complètement caduc, et il arrivait que des bateaux repartent à vide.

Ces bateaux n'avaient pas le droit de prendre des harkis, ils n'étaient pas faits pour loger des passagers, pour les nourrir, pour les débarquer en France. Georges Marce a persuadé leurs capitaines de les prendre malgré tout. Le 19 avril 1962, il a fait monter à bord sept familles de ma harka, et cinq autres ultérieurement, soit une centaine de personnes. Quant aux célibataires, il les a regroupés le 4 mai dans la 1re compagnie implantée à Erraguene, au sud-ouest de Djidjelli, et il les a fait embarquer en douce pour la France, déguisés en appelés, fondus dans le lot de la troupe. Et les marins n'y ont rien vu.

> Nous n'avons jamais parlé ensemble de ce que nous faisions pour les harkis. C'était des sujets douloureux dont on ne discutait pas ; on agissait, tout simplement.

Je n'ai pas assisté au rapatriement de ma harka. Je savais qu'elle était sauvée. Deux jours avant le premier départ, le 17 avril, j'ai été mis en route pour Paris, où je devais me faire à nouveau opérer. Je savais que mes harkis étaient en bonnes mains, qu'ils partaient tous, sauf un qui avait déserté le 12 avril, et qui s'est fait tuer.

Sans ce capitaine Marce, je ne sais pas ce qui serait arrivé. Ce type m'a sauvé la mise. Qu'est-ce qui se serait passé, autrement ? Pendant que j'étais à Paris, après le départ des harkis, le poste a été évacué. S'il n'y avait pas eu le capitaine Marce, les harkis seraient restés. Moi aussi. Mais qu'est-ce que j'aurais fait de ces gens ? J'aurais peut-être trouvé les bateaux, mais les supplétifs n'auraient pas été engagés, je n'en avais pas la faculté.

Le capitaine Marce a terminé lamentablement commandant, alors qu'il aurait dû être général. C'était un type de haute volée. Il a pris sa retraite et est mort d'une crise cardiaque, dans l'anonymat. On ne sait pas qu'il a sauvé tous les harkis du secteur. Entre deux cents et deux cent cinquante harkis, plus les familles. Il a dû évacuer cinq cents à six cents personnes au total. Ces actes sont restés cachés parce que c'était une désobéissance aux ordres. Nous n'avons jamais parlé ensemble de ce que nous faisions pour les harkis. C'était des sujets douloureux dont on ne discutait pas ; on agissait, tout simplement. Il avait réussi à sauver mes harkis, je ne lui en demandais pas plus. C'était un homme d'honneur. Il le savait. Sauver la vie d'un homme, contre un ordre, ce n'est pas désobéir. Il avait sa conscience pour lui. Comme moi.

« LAVAGE DE CERVEAU »

Quand je suis revenu en Algérie, après mon opération, ma compagnie avait été évacuée à Djidjelli. Puis c'est tout le Constantinois qui a été évacué et mon régiment a rejoint l'Algérois. Moi, toujours compagnie séditieuse, j'ai été affecté dans une zone complètement isolée, pratiquement dans une ville musulmane, où j'étais très bien d'ailleurs. Je n'ai rien su de tout ce qui se passait : les enlèvements, l'exode, la guerre fratricide entre l'OAS et les forces de l'ordre.

Mes harkis ont été mutés à Mourmelon. Mokhtar s'est retrouvé caporal-chef d'actifs ; il était bien payé, logé dans un pavillon militaire, et il avait toute sa harka autour de lui. Ils sont tous restés ensemble. Je suis allé les voir plusieurs fois et ils m'ont écrit.

Le 1er juillet 1966, je suis entré dans la Légion, et je me suis fait un lavage de cerveau. Je n'ai plus gardé de contacts avec mes harkis, j'ai été volontaire pour le Tchad et j'ai tout oublié.

En entrant dans la Légion, je m'engageais pour une autre vie. Les légionnaires sont des hommes qui ont un passé, et, en intégrant la Légion, ils n'en ont plus. Ils ont simplement un présent. J'ai été un de ces hommes.

Deux fois blessé, titulaire de six citations, Armand Bénésis de Rotrou est commandeur de la Légion d'honneur. Il est parti de l'armée en 1983 avec le grade de lieutenant-colonel et s'est fait l'historien du commando Georges auquel il a consacré un livre : ***Commando « Georges » et l'Algérie d'après***, paru en 2009 aux Éditions Dualpha. De Cannes, où il réside, il donne des séries de conférences sur l'Algérie qu'il n'a jamais vraiment quittée.

Rotrou entouré du lieutenant Youssef (à sa droite) et de l'adjudant-chef Mohammedi (à sa gauche).

Arrivés au port de Bône,
les harkis patientent sur le quai avant
d'embarquer sur le paquebot *Pumier.*

Jacques Alim

fils de harki
43 ans

Où a-t-il servi ? Pourquoi a-t-il été prisonnier ? L'a-t-on torturé ? Comment a-t-il résisté ? Pourquoi son engagement aux côtés de la France ? Aurait-il été un traître ? Ou un héros ?
À toutes les questions que Jacques Alim aurait aimé obtenir une réponse de son père. Il ne les lui a jamais posées.
Ahmed Alim, harki, est mort à Dreux en 2008 sans avoir jamais raconté sa guerre à son fils aîné.
Mais Jacques Alim veut savoir.
Il se sent héritier d'une lourde histoire, responsable d'une communauté en quête de reconnaissance. La cause harki est devenue la sienne.

Un sergent inspecte les harkis de Reguibat.

MURGER-BARDIN

J'ai grandi à Dreux dans une cité de harkis, Murger-Bardin, gérée par la Sonacotra. Une centaine de familles de harkis y vivaient. À l'époque, on était jeunes, on ne savait pas qui était harki ou qui ne l'était pas, on jouait entre enfants. Ce qui était bien dans ce quartier c'est qu'en face des quatre immeubles qui formaient la résidence, il y avait un grand terrain protégé des voitures, où nos parents nous laissaient jouer en toute sécurité. On fabriquait des arcs, des flèches, des lance-pierres, on jouait avec des cagettes, on cherchait des trèfles à quatre feuilles. Un gardien s'occupait de l'entretien du quartier, un ancien militaire, un harki. Il y avait aussi une équipe de football, et une école primaire juste à côté.

Beaucoup de harkis habitaient Murger-Bardin, mais aussi des membres d'autres communautés, des Portugais, des Asiatiques, des Français. Nos voisins étaient portugais. Les femmes donnaient du pain à ma mère, qui leur donnait à son tour de la galette, du couscous. On mêlait nos cultures et le brassage était riche.

Nous, on était bien. Dans la cité, on était une famille. Pas une famille de harkis, une famille. On se connaissait tous. En grandissant, on est restés liés, quelle que soit notre origine. C'est ça, notre richesse. On était une grande famille de cousins, une fratrie, toutes races confondues. On était des humains. On a eu une belle enfance. Moi, c'est comme ça que je ressentais les choses en tout cas.

LA FAMILLE

Je m'appelle Jacques et Mohamed. Mon premier prénom, c'est Jacques ; tout le monde m'appelle Jacques. Mon second prénom, Mohamed, est le prénom de mon grand-père maternel. Mes frères s'appellent le premier Lakhdar, et le deuxième, Claude Amar. On l'appelle Amar. Le troisième, c'est Akim ; ma sœur, Rania ; et mon dernier frère, Hassan.

Je suis l'aîné, et le premier à avoir un prénom français. C'est ma mère qui a choisi mon prénom. Mon oncle le lui a suggéré et mon père a accepté. Mon oncle m'a raconté qu'il avait vu *Les Chevaliers du ciel* à la télévision, dont l'un des héros se prénommait Jacques. C'est pour cette raison que je porte ce prénom. À l'époque, l'assistante sociale du quartier, lors des naissances, disait aux femmes de harkis qu'il fallait donner des noms français aux enfants. Ils s'appelaient Françoise, Yvette, Georges, Gaston, et ils n'avaient pas une tête à s'appeler Georges ou Gaston ! Mais les parents écoutaient l'assistante sociale. Elle s'occupait des harkis, elle les emmenait voir le médecin, proposait toutes sortes de services. Les parents étaient déracinés, surtout dans les années 1960, et l'aide était la bienvenue.

Moi, ça ne m'a jamais gêné de m'appeler Jacques, j'ai gardé ce prénom au contraire de certains qui, plus tard, ont fait des demandes au tribunal pour supprimer leur prénom français.

En 1982, mes parents ont acheté une maison, comme beaucoup de familles de harkis qui, à cette époque-là, ont déménagé et sont devenues propriétaires. J'ai quitté le collège Paul-Faure pour le collège Louis-Armand, fréquenté par des enfants de harkis dont les parents avaient déménagé, comme les miens. En 4e ou 5e, je ne savais pas trop

« À l'époque, l'assistante sociale du quartier, lors des naissances, disait aux femmes de harkis qu'il fallait donner des noms français aux enfants. Ils s'appelaient Françoise, Yvette, Georges, Gaston, et ils n'avaient pas une tête à s'appeler Georges ou Gaston ! »

> Dans sa façon de dire : « Moi, c'est pas mon père qui s'est sauvé », il a insinué que mon père était un traître.

si j'étais kabyle, arabe ou autre. Surtout, je m'en moquais. En 3e, j'avais 14 ans et j'avais un ami tunisien. Un jour, je l'ai taquiné en cours de sport ; on était en pleine puberté, et j'ai dû lui dire : « Ouh, il n'a pas de poils. » Il l'a mal pris, et il m'a rétorqué : « Moi, c'est pas mon père qui s'est sauvé. »

Ça m'a fait mal. Je savais que mes parents étaient harkis, mais je n'y attachais pas d'importance, je n'y pensais pas. Surtout, on ne m'avait pas expliqué ce qu'étaient les harkis.

Il m'attaquait moi, mais il attaquait mon père. Dans sa façon de dire : « Moi, c'est pas mon père qui s'est sauvé », il a insinué que mon père était un traître. Pourquoi ? J'ai mis une semaine pour digérer. Ça a ouvert une blessure en moi, et ça a aussi été un tournant dans ma vie.

Départ en patrouille dans le sud des monts du Ksour en 1961.

> Entre enfants de harkis, peut-être qu'on se conditionnait : « On ne nous aime pas, nous, les harkis, on est mal-aimés. » Mais on n'en parlait pas à nos parents, ça restait entre copains.

Je n'ai pas posé de questions à mon père. Jamais. Je ne sais pas pourquoi. Je me suis dit que j'étais grand, que je réglerais le problème moi-même. Je faisais du karaté, alors j'ai frappé.

Ça s'est reproduit au lycée. J'étais en 1re, et je me suis accroché avec un Marocain. Il m'a dit à peu près cela : « Mais ce n'est pas moi qui ai pris le bateau. » Je l'ai regardé. J'ai commencé à me demander pourquoi ces Marocains, ces Tunisiens se mêlaient de notre histoire. De la part d'un Algérien, dont la famille peut avoir vécu des drames, je l'aurais compris. Mais qu'est-ce que les Marocains, les Tunisiens avaient à voir là-dedans ?

Je ne connaissais pas notre histoire, je savais simplement qu'on était des harkis, et qu'on nous traitait comme des traîtres. Entre enfants de harkis, peut-être qu'on se conditionnait : « On ne nous aime pas, nous, les harkis, on est mal-aimés. » Mais on n'en parlait pas à nos parents, ça restait entre copains.

Je n'en ai donc pas dit un mot à mon père. L'idée ne m'effleurait pas. Parce que déjà, mon père, à mes yeux, ce n'est pas un traître. Au contraire.

Contrôle d'identité.

LE CHOIX DE MON PÈRE

Mon père est mort le 8 août 2008. Il avait 72 ans.

J'étais marié et j'avais déjà deux enfants. Depuis des années, je militais pour la cause des harkis. C'est après son décès que j'ai commencé à enquêter sur son passé. J'ai trouvé la faille en interrogeant ses amis, mon cousin, qui m'ont appris par bribes l'histoire de sa vie. Je la reconstitue aussi à travers des documents qu'on possède à la maison, notamment une citation qu'il a obtenue. J'y lis que mon père est un héros.

Ces documents, je les connaissais depuis longtemps, parce que j'aimais bien fouiller à la maison. J'en avais la possibilité, parce que j'étais l'aîné et je devais remplir les papiers de la famille, ceux de la Sécurité sociale, entre autres. Mon père savait un peu lire – je crois qu'il avait appris pendant son service national –, mais il n'écrivait pas très bien. Ma mère a pris des cours de français, mais elle ne savait pas bien écrire non plus. C'est donc moi qui me chargeais de l'administratif.

Sur une attestation de la Croix-Rouge internationale, il est écrit que mon père a été arrêté le 18 juillet 1962, et incarcéré à la Maison-Carrée, à Alger, le 26 novembre 1962. Numéro d'écrou : 732. « Motif d'incarcération : harki. » J'avais 15 ans quand j'ai lu ça pour la première fois. J'ai été choqué.

Pour les Arabes, « harki », c'était l'équivalent de « traître ». Quand quelqu'un disait : « C'est un harki », ça ne signifiait pas : « Vous êtes sympathique. » Je savais que, dans les quartiers, certains se battaient tout le temps parce que les autres les traitaient de « sales harkis ». C'était violent. Je n'ai pas moi-même vécu toutes ces bagarres, mais, à un moment, on a décidé de se regrouper pour se protéger. Comme il y avait la communauté marocaine, la communauté algérienne, on a créé une communauté harki à Dreux. Je pense qu'on a cherché à se constituer une carapace. Il y a encore aujourd'hui des quartiers où les Marocains, les Algériens, les Tunisiens ne nous aiment pas, nous, les « sales harkis ».

Mon père a choisi la France. J'en suis très content, il a fait un très bon choix. Il s'est retrouvé harki, et il a accompli des actes de bravoure. C'était un combattant. Son nom de combattant, que j'ai appris il n'y a pas longtemps, c'était « Haizer », du nom d'une forêt proche de notre village en Kabylie.

C'était un homme qui n'avait pas peur. Voici la citation de mon père :

Le général de division Massu, Commandant la Région territoriale et le corps d'Armée d'Alger, cite à l'ordre de la division, Alim Ahmed, sergent, harki du 3/2e Régiment d'infanterie :

Sous-officier Harki du Commando de chasse très courageux, qui à la tête de son équipe de voltigeurs participe à tous les coups de main.

S'est signalé le 8 juillet 1959 dans les Beni-Malloun (Secteur d'Aumale) au cours d'un raid de nuit. Ayant blessé et fait prisonnier un rebelle armé, en a obtenu des renseignements d'une grande importance qui devaient permettre une action fructueuse sur une bande rebelle dans la même journée.

S'est particulièrement distingué le 20 août 1959 au Djebel Belgroune (Secteur d'Aumale), au cours d'un ardent combat au corps à corps avec une forte bande rebelle.

Maintenant son groupe avec énergie, a personnellement dirigé plusieurs contre-attaques qui ont obligé l'adversaire à décrocher en abandonnant ses morts et de l'armement.

Ces citations comportent l'attribution de la croix de la valeur militaire avec étoile d'argent.

Alger, le 30 septembre 1959

Signé : Massu

Mon père m'a raconté une fois que, lors d'une embuscade, il a braqué le lieutenant qu'il servait et qui hésitait, en lui disant : « Tu avances, sinon je te bute. » Résultat, ils ont gagné, attrapé des gars et trouvé des caches d'armes. Mon père a eu l'attribution de la croix de la valeur militaire avec étoile d'argent. Mais le sous-lieutenant a eu la Légion d'honneur. Il a dit à mon père : « Il ne faut pas dire ce qui s'est passé, s'il vous plaît. » C'est la seule chose que mon père m'a racontée : « Moi, ils m'ont donné ça, et l'autre, il a eu la Légion d'honneur. » Alors que c'est l'autre qui a eu peur. Mon père en ressentait de l'amertume. Mon père aurait mérité la Légion d'honneur, pas le sous-lieutenant.

Je suis fier de son choix. D'autres ont fait celui du FLN. C'était un instant T, il fallait prendre une décision. Bonne ou non. Moi, je pense que c'était le bon choix. Quand je vois ce qui se passe en Algérie aujourd'hui… je serais peut-être devenu berger si j'étais né là-bas. Je n'aurais pas eu la chance que j'ai eue ici, mes enfants non plus. Nous, on est en France, vive la France !

> « On a créé une communauté harki à Dreux. Je pense qu'on a cherché à se constituer une carapace. »

Camp de harkis rapatriés dans le Sud-Ouest.

RECONSTITUER LA VÉRITÉ

Pendant mes études à l'IUT génie électrique et industriel, à la fin des années 1980, j'ai dû faire un exposé. J'ai choisi comme thème les harkis. J'avais cette envie qu'on connaisse mon histoire, qu'on connaisse l'histoire des harkis. Parce qu'elle n'est pas connue, en tout cas, elle est tue. J'ai eu une bonne note, 18/20. C'était un moment émouvant, même le professeur était ému. J'y ai mis du cœur. J'ai raconté cette injustice, parce que je trouve injuste que la France ait abandonné les harkis. Mais je n'en veux pas aux Algériens. Je trouve simplement qu'une parole donnée par un homme doit être respectée. De Gaulle n'a pas respecté sa parole, il a lâché les harkis. Il ne faut pas me parler des valeurs du gaullisme. Il a peut-être été un grand homme ailleurs, mais pas concernant la guerre d'Algérie, il l'a bradée. Il a fait tuer, massacrer. C'est peut-être cette injustice-là qui a fait que je suis rentré dans ces mouvements. Cet exposé a marqué le début de mon engagement.

J'ai rejoint des associations en 1994, quand j'étais militaire, je faisais de l'accompagnement scolaire pour les enfants de harkis. J'ai été éducateur du contingent en faveur de la communauté rapatriée. J'étais marin à Dreux. J'avais mon béret à pompon. Mon père me regardait, et me disait : « Tu crois que c'est ça, l'armée ? Rentrer tous les soirs chez soi ? »

Mon père ne m'a jamais rien dit de plus. Ce qu'il a vécu, on me l'a raconté. Il a été arrêté en juillet 1962, mais ne s'est retrouvé en prison qu'en novembre. Que s'est-il passé pendant ces cinq mois ? Il a été torturé, j'en suis sûr. Il est resté prisonnier pendant six ans. Quand il a été libéré, en 1968, il est parti en France et n'est plus jamais retourné en Algérie. Il a dû se passer des

Rassemblement de population au Ouled Taïer en 1958.

> « Lors des élections en Algérie, dix voix arabes comptaient pour une voix française. C'était très humiliant. Mon père, comme tout le monde, était blessé dans son cœur. »

choses très dures pour qu'il n'ait jamais voulu revenir dans son pays d'origine.

choses très dures pour qu'il n'ait jamais voulu revenir dans son pays d'origine.

Il ne m'a jamais expliqué pourquoi il s'était enrôlé. C'est son neveu, harki lui aussi, un fils de garde champêtre, qui m'a raconté qu'avant mon père était berger, heureux, dans la montagne, avec ses chèvres, ses moutons. Il avait une maison, cultivait des olives. Et la guerre est arrivée. Il s'est engagé dans le MNA, le Mouvement national algérien, derrière le général Bellounis, poussé par les gens du douar. Ce mouvement réunissait des pacifistes qui voulaient, par exemple, que les Arabes et les Français aient les mêmes droits pour voter. Lors des élections en Algérie, dix voix arabes comptaient pour une voix française. C'était très humiliant. Mon père, comme tout le monde, était blessé dans son cœur.

Quand le MNA s'est rallié à la France, mon père s'est retrouvé harki. Pourquoi s'est-il enrôlé ? Je ne sais pas. J'aurais aimé lui poser la question. C'est trop tard. Je ne sais rien de sa guerre. Il a combattu dans les commandos de chasse, sur le front. Il a été policier auxiliaire à Paris, brigadier-chef. Et puis, au moment du cessez-le-feu, le 19 mars 1962, il est rentré en Algérie.

CAMP-DU-MARÉCHAL

Mon père a été arrêté chez lui, dans son village de Bouera, à Tizi Ouzou, en Grande Kabylie, le 18 juillet 1962. Mon cousin, que mon père a retrouvé par la suite lorsque le FLN a regroupé les prisonniers harkis à Alger, a été arrêté le

Cantonnement de la harka de Bou Saada en 1958.

8 octobre. Tout ce que j'ai appris sur mon père, c'est par mon cousin. Il m'a raconté qu'ils n'avaient pas été arrêtés par des militaires, mais par des « marsiens », des gens qui s'étaient ralliés depuis le 19 mars seulement et qui les désignaient sans preuves ni procès.

Après leur arrestation, pendant des semaines, les harkis ont été déplacés de village en village, dans des camions-bennes. Fin octobre 1962, on les a regroupés. Comme tous les harkis de Kabylie, mon père a été détenu dans une grande caserne française désaffectée, au village de Camp-du-Maréchal. Neuf salles, comptant cent vingt, cent trente, cent quarante détenus chacune, entassés sur des lits superposés, sans matelas ni couvertures. Les gardes champêtres dans l'une, les maires dans l'autre, les supplétifs dans la troisième, etc. Un jour, les geôliers ont annoncé aux détenus : « On va tous vous exterminer le 1er novembre. » C'était pour célébrer l'anniversaire du 1er novembre 1954, date de l'appel à l'insurrection lancé par le FLN. Ils n'ont pas mis leur menace à exécution, mais mon cousin a vu un homme brûlé vif dans du foin, le long de la barrière de la caserne, d'autres tués à coups de gourdin ou de pioche, ou battus jour après jour jusqu'à la mort. Mon cousin dit qu'« on ne peut pas faire partager ce qu'on a vécu là-bas avec des gens qui ne l'ont pas vécu ».

LA MAISON-CARRÉE

Les harkis prisonniers ne sont pas restés au Camp-du-Maréchal jusqu'au 1er novembre. Un matin, fin octobre, on les a tous fait sortir et à nouveau monter dans des camions-bennes. Direction : Alger. Ben Bella avait donné l'ordre de regrouper les prisonniers au pénitencier d'El Harrach, la Maison-Carrée. Mon cousin a vu, dans son camion, comment, alors que le convoi roulait à 90 kilomètres/heure, les gens du FLN se sont mis à deux pour attraper un homme, au hasard, l'un par les bras, l'autre par les pieds, et le balancer sur la route. Ils en ont tué je ne sais combien ainsi. Est-ce que ces hommes ont été comptés parmi les morts harkis ? Sûrement pas.

Quand il était au Camp-du-Maréchal, mon cousin a compté au moins cinquante morts. D'autres ont été massacrés dans d'autres villages avant d'être regroupés dans les camps. Ceux-là, on ne les a pas pris en compte. J'ai entendu dire qu'il y avait eu trente-cinq mille morts harkis après le

Installation de délégation spéciale par les généraux Gracieux et Massu.

cessez-le-feu de mars 1962. Il y en a eu bien plus. Le général Faivre parle de quatre-vingt à cent cinquante mille morts. C'est pour ça que les survivants se disent entre eux : « On est morts en 1962. » Ils ont toujours ça en tête.

Le convoi de mon père est arrivé à la Maison-Carrée vers le 20 ou le 25 octobre 1962, la Croix-Rouge internationale est aussitôt intervenue. Mon cousin et mon père sont restés prisonniers là jusqu'à la fin de l'année 1965. Leur détention a duré trois ans. Dure, mais sans exactions, car la Croix-Rouge veillait. Fin 1965, Boumédiène, qui venait de prendre le pouvoir, a décidé de faire travailler les harkis dans les casernes. Mon père et mon cousin, ainsi qu'une trentaine d'autres harkis, ont été affectés à la caserne de CRS de Bab el Oued, en plein centre d'Alger. Ils étaient main-d'œuvre. Mon père dirigeait une équipe d'électriciens, mon cousin, une équipe de maçons. Ils n'ont pas souffert, ils travaillaient, on les respectait. Ils étaient payés 50 dinars par mois, soit 1,50 euro.

Au début de l'année 1967, ils ont commencé à avoir des permissions de sortie. D'abord quatre jours, puis huit, et quinze. Mon cousin est définitivement sorti le 22 mai 1967. Mon père, en 1968. Quand le consulat de France a donné ses papiers à mon cousin, on lui a dit : « Monsieur, d'ici à cinq ans, n'essayez pas de revenir. Mais, dans cinq ans, vous reviendrez en Algérie comme un touriste français. » Dans le bateau, il est monté sur le mât, et il a salué l'Algérie. Il lui a dit adieu.

Aucun des deux n'est jamais revenu.

DE SAINT-MAURICE-L'ARDOISE À DREUX

Mon père et mon cousin se sont revus bien plus tard à Dreux. Hasard. Mon père descendait la rue de la Gare, mon cousin, la rue Saint-Denis. Ils se sont rencontrés à l'angle des deux rues. Mon cousin a dit à mon père : « Mais qu'est-ce que tu fais là ? » Mon père a répondu : « Mais qu'est-ce que tu fais là ? » Et ils ne se sont plus quittés.

À Dreux, les harkis se retrouvent souvent entre eux. Ils parlent de ce qu'ils ont vécu en Algérie, en prison. Quand je demande à mon cousin ce qu'ils se racontent lors de ces réunions auxquelles je n'assiste pas, voilà ce qu'il me répond : « On parle de l'Algérie, de la misère, de ce qu'ils nous ont fait. On sait ce qu'on a vécu, on sait que nos camarades sont décédés devant nous, qu'on attendait notre tour. On vivait au jour le jour là-bas. Aujourd'hui, on est là, demain, on ne sait pas. On s'en moquait complètement. »

C'est grâce à ma mère que je connais les circonstances de l'arrivée de mes parents en France. Elle a attendu la libération de mon père pendant ses six ans de détention. Elle a encore attendu, avec lui, dans un camp de transit à Alger. Ils ont pris le bateau ensemble et sont arrivés ensemble, au camp de Saint-Maurice-l'Ardoise, avec pour tout bagage ce qu'ils portaient sur le dos. On était en janvier 1968.

Le bateau, le mal de mer, le transfert de Marseille, l'installation dans les cabanes du camp, ma mère ne se souvient de rien. Le vide. Elle s'est « réveillée » à 22 heures, le premier soir, elle était en train de discuter avec son mari et des voisins quand deux hommes ont frappé à leur porte : « Éteignez la lumière, ici, ce n'est pas chez vous, vous n'êtes pas au bled, il y a le couvre-feu. » Elle se souvient du premier matin, levée à coups de sifflet. De la douche collective des femmes sous surveillance. Du travail forestier obligatoire, alors qu'elle voyait mon père si maigre après ses six ans de prison. De la nourriture dans les gamelles. Elle ne faisait que pleurer : « L'Algérie nous appelait les traîtres et, pour la France, on était des étrangers. On avait mal des deux côtés. »

Au bout de quelques mois, dès qu'ils ont pu quitter le camp, ils sont partis. À Dreux, d'abord, chez un beau-frère, puis dans la cité des harkis de Murger-Bardin, où un F2 les attendait. Ma mère m'a dit : « En arrivant à Dreux, ton père m'a

> « On parle de l'Algérie, de la misère, de ce qu'ils nous ont fait. On sait ce qu'on a vécu, on sait que nos camarades sont décédés devant nous, qu'on attendait notre tour. »

donné un grand tissu blanc, où il avait dessiné son histoire pendant qu'il était en prison. Ça a été sa façon de raconter. Il m'a demandé de le broder. Mais je n'avais pas l'argent pour acheter les fils. On n'avait rien. »

Je suis né l'année suivante, le 21 janvier 1969.

RÉPARER L'INJUSTICE

Cette injustice, cet abandon qu'ont ressenti mes parents et tous les harkis, je voulais les crier haut et fort, essayer de les faire reconnaître par l'État. J'ai commencé par assister à des réunions d'AJIR France (Association justice information réparation). J'y rencontrais des gens. Ensuite, je suis devenu secrétaire général de l'association des harkis de Dreux, ADER (Association pour la dynamique et l'expression des rapatriés).

Aujourd'hui, je suis président national d'AJIR. Nous attendons toujours que Nicolas Sarkozy tienne sa promesse faite à Paris, le 31 mars 2007, lors de la campagne pour l'élection présidentielle. Il a promis que s'il était élu président, il reconnaîtrait l'abandon et le massacre des harkis, et leur retour dans des conditions lamentables. Les Arméniens ont bien attendu cent ans…

Je me bats pour l'histoire et la mémoire. La population française ne connaît pas l'histoire des harkis. Mon rêve serait d'expliquer, d'enseigner à l'école cet enrôlement. Qu'on ne dise plus que les harkis sont des traîtres. Qu'on arrête de modifier l'histoire, dictée par l'Algérie. Une guerre est toujours sale. La réconciliation de la France et de l'Allemagne est un bel exemple de réussite. Pourquoi n'est-ce pas possible entre l'Algérie et la France ? L'État attend que les harkis meurent. Donc, j'ai pris la relève. Ce n'est pas de la mendicité, ce n'est pas de l'assistanat, simplement une reconnaissance. Pourquoi, dans le couloir de l'Histoire, ne pas ajouter celle des harkis ?

Ce serait beau. Je serais heureux de transmettre ça à mes enfants, mes petits-enfants. Qu'un jour, dans cinq cents ans, un étudiant fasse un travail de recherche sur ce petit groupe. Est-ce qu'on se bat contre des moulins à vent ? Je n'espère pas.

Je n'aime pas l'injustice. Et l'histoire des harkis, je la trouve injuste. C'est pour ça que je me bats, pour rendre hommage à ces harkis, à mon père. On a réussi à obtenir qu'une rue soit baptisée « rue des Harkis », à Dreux, en 2006. À cette occasion, j'ai fait un beau discours, émouvant. Je crois que c'est grâce à l'Histoire qu'on reconnaîtra ces hommes. ■

« La population française ne connaît pas l'histoire des harkis. Mon rêve serait d'expliquer, d'enseigner à l'école cet enrôlement. Qu'on ne dise plus que les harkis sont des traîtres. »

Grand tissu sur lequel le père de Jacques Alim a dessiné son histoire et que sa femme a brodé.

Village dans les Aurès.

A mon Ami
Abdel Madjid Lalem
un grand garçon
dont je suis fier
Bigeard

Abdel Madjid LALEM

harki parachutiste engagé volontaire 73 ans

Il a été décoré de la Légion d'honneur, remise par la France à son valeureux soldat dans la cour d'honneur des Invalides en septembre 2010. Il en est très fier mais en parle peu. Même la plus haute distinction française n'est pas parvenue à apaiser sa douleur d'avoir été « trahi » et abandonné. Mais quand il pense à l'Algérie, l'amertume et la colère l'envahissent, dominant tout autre sentiment. Lorsqu'il s'est engagé, en 1958, il était pourtant si fier d'être devenu un para au 3e régiment parachutiste d'infanterie de marine, lui que sa condition d'orphelin avait jeté, enfant, dans les rues d'Alger et réduit à cirer les « godasses ». Il croyait en sa seule famille, l'Algérie française.

Photo d'Abdel Madjid Lalem dédicacée par le général Marcel Bigeard.

ENFANCE EN KABYLIE

Mon père travaillait chez Renault, aux usines de Boulogne-Billancourt. Il vivait à Paris. Il était ouvrier, il n'avait pas de qualification. C'est quelqu'un qui a toujours apprécié et aimé la France. Ma mère, elle, vivait en Algérie. Quand elle m'a mis au monde, le 19 août 1939, il m'a laissé en Kabylie et est revenu travailler en France, pour envoyer un peu d'argent et nourrir la famille.

J'ai passé mon enfance à la campagne, au village de Tighilt, dans la maison familiale. On avait des oliviers, des figuiers. Quand mon père rentrait à la maison pendant ses vacances, il semait du blé, de l'orge, il récoltait. On pressait aussi de l'huile d'olive. Mais quand vous produisez au maximum cent litres d'huile d'olive, ça ne fait pas vivre ! Ma mère s'occupait de la maison, quatre pièces autour d'une grande cour entourée de murs.

Le téléphone, en Kabylie, n'existait pas ; mon père nous envoyait des lettres, une fois tous les quinze jours, tous les mois. Il habitait dans le 15e arrondissement. Le regroupement familial n'existait pas à l'époque. La vie était très dure, aussi bien pour ceux qui restaient au pays et avaient du mal à vivre que pour ceux qui partaient en France, seuls, en laissant la famille au pays.

Enfant, j'aidais aux récoltes. À la saison des olives, on les apportait à la presse coopérative pour les écraser et faire de l'huile. On avait un mulet, un cheval et un âne, comme toutes les familles de là-bas. Je garde de bons souvenirs de cette période. J'avais des petits voisins avec qui je jouais, on faisait la récolte ensemble pour le village et les familles.

Dans les villages comme le nôtre, il n'y avait pas beaucoup de Français. À moins d'être quelqu'un de riche, par exemple les caïds, les gardes champêtres, les fonctionnaires, qui étaient bien vus des autorités françaises, on ne voyait pas de Français. Les pauvres n'avaient pas de relations avec eux ; à part nous, les enfants, qui allions à l'école et côtoyions des maîtres français. On nous apprenait que l'Algérie faisait partie de la France. On nous apprenait « nos ancêtres les Gaulois ». Le maître nous parlait en français – il était obligé, il ne parlait pas le kabyle. Alors, parfois, on comprenait ce qu'il nous disait et, parfois, on ne comprenait pas. Il nous enseignait la lecture, l'écriture. Mais je n'ai réellement appris à lire et à écrire que lorsque j'ai quitté la Kabylie. J'ai commencé à connaître la vraie France à 19 ans seulement, quand je me suis engagé dans l'armée française.

J'ai perdu ma mère dans les années 1950, quand j'avais 10-12 ans. Je ne sais pas précisément de quoi elle est morte, certainement d'un cancer, elle avait une bosse dans le dos, elle était toute courbée. Je n'ai rien d'elle, même pas une photo. On n'avait pas de photos à l'époque. Ensuite, mon père est décédé du diabète. Je me suis donc retrouvé tout seul, chez un oncle, dont je ne voulais pas dépendre. C'est notre honneur de Kabyles. Je n'avais plus personne ; alors, je suis parti.

CIREUR DE GODASSES

Je me suis rendu à Alger, mais je n'avais pas un sou, pas d'adresse. Je suis parti tout seul, sans copain ni cousin. J'avais décidé de tout quitter, les yeux fermés. Comme je n'avais personne pour me faire vivre, il fallait bien que je me débrouille.

J'ai commencé à cirer les godasses. C'est là que j'ai appris à parler français. C'était du travail, j'étais payé. Je n'avais bien sûr pas de fiches de paie, je ne cotisais pas pour ma retraite, mais c'était du travail qui nous aidait à vivre, nous, les enfants de la rue. La vie n'était pas trop chère à l'époque pour les cireurs : on allait dans des restaurants arabes, où on pouvait manger un potage, dans lequel on trempait du pain pour se remplir le ventre.

C'était très dur. J'ai eu faim, j'ai eu froid. Quand j'avais gagné assez d'argent, je dormais dans un dortoir. Quand je n'avais pas de quoi payer mon lit, je dormais dans la rue. Il m'est arrivé, l'hiver, de passer la nuit dehors, sous la neige. On était nombreux à dormir ainsi dans la rue. Il y avait des garçons de mon âge, plus jeunes même. Que faire d'autre ? Je ne fréquentais pas les mauvais lieux. J'ai été très prudent dès le début. C'est ce que mon défunt père m'a toujours appris, à être prudent. Mon père m'a donné une éducation formidable.

Le palais d'Été à Alger (1960).

> « Moi, je cirais leurs chaussures dans la rue, dans les cafés. Et les paras me demandaient : « Pourquoi tu ne t'engages pas ? » »

Dans la rue, je m'en sortais, aussi bien avec les Arabes qu'avec les Français et les Kabyles. Avec les pieds-noirs, c'était différent… Je ne me suis jamais mal comporté avec les autres et les autres se comportaient plutôt bien avec moi. Quand vous dites « bonjour » à quelqu'un, il ne vous répond pas « merde ». J'avais même un ami français, un bon ami. Il travaillait à la banque Worms. Pierre. J'étais en quelque sorte son cireur de godasses attitré. Je faisais du bon travail. Il me donnait la pièce, il était généreux. On est restés amis, jusqu'au jour où je me suis engagé.

Portrait du harki Abdel Madjid Lalem.

Quand j'ai été un peu plus grand, je n'ai plus ciré de godasses parce que c'était déshonorant. Les plus vieux laissaient la place aux jeunes et trouvaient un travail plus dur, que les petits ne pouvaient pas faire : porteur de valises. Je me postais devant l'agence d'Air Algérie, et je portais les valises des gens qui venaient prendre leur billet, qui débarquaient de métropole ou d'autres villes d'Algérie. J'allais aussi à l'aéroport, et je portais les valises des gens qui prenaient le car effectuant la navette entre l'aéroport et Alger. On était nombreux à faire ça. On avait même du mal à trouver des valises à porter, tellement il y avait de jeunes porteurs. On se disputait. Mais c'était vivre de ça ou faire des bêtises, être voyou, voler.

À Alger, je croisais les militaires qui venaient faire leur service en Algérie. C'était des engagés, des métropolitains. J'ai d'abord ciré leurs chaussures, pour 10 ou 15 centimes la paire. Le soldat, même s'il ne gagnait pas beaucoup d'argent, don-

Officier du 16e dragons avec les harkis de son commando.

nait toujours la pièce, 20 ou 25 centimes, parfois un peu plus, ça faisait plaisir. Et de cirer les godasses des militaires, de discuter avec eux, ça m'a donné envie de m'engager dans l'armée. J'ai rencontré des paras en permission qui sortaient en ville, allaient boire un coup. Moi, je cirais leurs chaussures dans la rue, dans les cafés. Et les paras me demandaient : « Pourquoi tu ne t'engages pas ? » Ils disaient que l'armée était une bonne armée, qu'elle payait bien, que je serais nourri tous les jours, logé.

Pour le jeune que j'étais, c'était une priorité de faire ma vie, de pouvoir assumer mes besoins. Chez moi, on m'a appris que, pour vivre, il faut travailler. C'est comme ça qu'on m'a élevé. L'armée, c'était un travail. On me donnait la pièce en échange, j'avais une solde.

L'ENGAGEMENT

Je suis donc parti une nuit, sans bagages, sans rien, avec un autre jeune, Hassani. On se connaissait, parce qu'on portait des valises ensemble. On est partis la nuit, parce qu'il fait moins chaud. Je me suis tapé 21 kilomètres à pied pour aller de la ville d'Alger à la caserne de Sidi-Ferruch. Il n'y avait pas de car qui allait là-bas, et on n'avait pas un sou. Quand on en a, tout est facile.

J'étais majeur, je n'avais personne à avertir, je n'avais de comptes à rendre à personne. J'ai plongé.

Je me suis engagé le 21 mai 1958. J'avais 19 ans. La guerre d'Algérie avait commencé le 1er novembre 1954. Je me suis donc engagé en pleine guerre.

C'est le chef de caserne, le colonel, qui nous a accueillis, Hassani et moi. Il nous a demandé pourquoi on voulait s'engager. On lui a répondu qu'on avait rencontré des paras qui nous y avaient encouragés. C'est comme ça qu'ils ont constitué la première compagnie de paras musulmans au 3e RPIMa (régiment parachutiste d'infanterie de marine). Ils l'ont créée avec nous.

Après notre arrivée, le régiment a continué à recruter des jeunes comme nous, un par jour, quelquefois deux ou trois. Quand la section a été formée, soit trente hommes, on nous a envoyés crapahuter avec une autre compagnie. Quand quatre sections ont été créées, ce qui faisait une compagnie, on est sortis. Ce fut la 5e compagnie.

> « Beaucoup de mes camarades de l'époque sont morts. Pratiquement tous. Des paras musulmans, il ne doit plus y en avoir beaucoup. »

BÉRET ROUGE

Honnêtement, j'étais fier. Je me voyais comme jeune para avec le béret rouge, la casquette para imaginée par mon ancien chef de régiment, le colonel Marcel Bigeard. Quand je suis arrivé, il était déjà parti. Mais il a commandé mon régiment, le 3e RIPMa, c'est lui qui l'a créé. C'est le béret rouge, la « casquette Bigeard » comme on l'appelait, que portent tous les parachutistes actuellement. C'était un honneur, une fierté que de pouvoir la porter.

En uniforme, j'étais fier de me comparer aux jeunes Français, de leur prouver qu'on était capables, nous aussi, de faire le même travail qu'eux. Quand ils nous voyaient en ville, habillés en parachutistes, ça pouvait les inciter à nous rejoindre. J'ai sauté en parachute, je suis breveté parachutiste, j'en ai l'insigne, ainsi que celui de mon régiment. Je les ai toujours gardés. Les insignes, on ne peut les jeter. Pour nous, c'est un honneur.

Harka posant devant des armes prises à l'ennemi.

LA GUERRE

À partir de là, on a foncé, on est partis dans le djebel, on a combattu, on a perdu des collègues, on en a tué en face, chez les autres. C'est la vie ; c'est la guerre.

J'ai été un soldat très actif, j'aimais bien combattre.

On ne nous apprenait que ça, mourir, faire la guerre. C'est tout. Être honoré de mourir pour la patrie. Parachutiste, c'est ça : « Va mourir. » Dès 6 heures du matin, quand on était à la caserne, on se levait pour cavaler. Quand on était en déplacement, on combattait dans les djebels. Je ne restais jamais longtemps à la caserne. Quelquefois, on partait en opérations pendant un mois ou deux, on revenait à la caserne se reposer huit, dix jours au maximum et on repartait. On acceptait de mourir avec le sourire. Beaucoup de mes camarades de l'époque sont morts. Pratiquement tous. Des paras musulmans, il ne doit plus y en avoir beaucoup.

Les classes, on les a faites sur place. À l'époque, avec nous, il y avait des métropolitains parachutistes, mais aussi des pieds-noirs qui nous prenaient pour des bougnoules. Ils se demandaient ce qu'on faisait dans les paras. Ils se moquaient de nous, parce que, pour eux, un Arabe, c'est un

Arabe ; eux, ils étaient des Français, des colonialistes, des chefs, et nous, on était la racaille. Ça nous touchait beaucoup. Et ça me touche encore... Avec d'autres, on leur a prouvé qu'on était plus forts qu'eux, quelque part. Parce que nous, quand une compagnie de fellaghas se présentait, on fonçait. Eux, ils fonçaient en arrière. On était plus volontaires qu'eux. Parce qu'on s'en fichait.

J'ai combattu des Algériens qui voulaient avoir leur indépendance, qui voulaient mettre les Français dehors. Et ce sont eux qui ont réussi. Je n'avais pas pour autant le sentiment d'être du mauvais côté. Moi, je suis berbère, je ne suis pas arabe. Pour moi, les fellaghas, c'était l'ennemi.

J'ai combattu jusqu'en 1962, jusqu'à la fin de la guerre, jusqu'à l'indépendance de l'Algérie.

Après le cessez-le-feu, en mai-juin 1962, mon régiment est retourné à Carcassonne. Le 3e RIPMa est d'ailleurs toujours à Carcassonne. Certains d'entre nous ont voulu démissionner de l'armée, et rester en Algérie. Moi, j'avais choisi de rentrer à Carcassonne avec mon régiment. J'étais en permission quand le FLN m'a attrapé, trois semaines ou un mois après le cessez-le-feu. J'ai été fait prisonnier, et c'en a été fini pour moi. J'ai passé quatre ans en prison, détenu par les fellaghas et, pendant tout ce temps, l'armée française n'a jamais cherché à me retrouver.

C'est pour ça que, quelquefois, je regrette de m'être engagé. Les gens comme moi ne comptaient pas pour l'armée française. Ils ont compté seulement quand elle a eu besoin d'eux, pour aller se faire tuer pour la France. Et après ? Je n'ai eu aucune nouvelle de l'armée française pendant toute ma détention. Jamais. Pour elle, on n'existait peut-être même pas. Quand je repense à tout ça, ça fait mal.

Il n'y a jamais eu de libération pour moi, je me suis sauvé. Je ne dirai rien des circonstances de mon évasion ; il y a des choses qu'on doit garder secrètes. Je suis un rescapé. Ils auraient pu me tuer, mais me tuer ne leur aurait rien rapporté. Ce qui leur rapportait, c'était de me torturer comme ils ont torturé d'autres collègues, des copains.

Je ne veux pas en parler, car ça réveille de mauvais souvenirs, et je ne veux pas les revivre tout le reste de ma vie. Je ne veux pas que le monde le sache. Je préfère oublier. Mais je n'y arrive pas. Même à ma femme, je n'en parle pas. Pourquoi raconterais-je ma vie ? Je ne suis pas un pleurnicheur. J'ai assumé. Personne ne me connaît, personne ne sait ce que j'ai vécu. Chacun vit sa vie.

« J'ai combattu des Algériens qui voulaient avoir leur indépendance, qui voulaient mettre les Français dehors. Et ce sont eux qui ont réussi. »

> « Ils auraient pu me tuer, mais me tuer ne leur aurait rien rapporté. Ce qui leur rapportait, c'était de me torturer comme ils ont torturé d'autres collègues, des copains. »

DE GAULLE

Mais je suis en colère. Qu'est-ce que me donne la France, aujourd'hui, pour ce que j'ai fait ? Double zéro. Et je ne suis pas le seul. J'ai été trahi par Madame la France. De Gaulle, le grand combattant de Gaulle, a donné le pays à une poignée d'Algériens. Ce n'est pas un homme, de Gaulle. Je ne suis pas le seul à le dire. De Gaulle, il est mort, il est tranquille. Mais moi, je souffre de ses conneries encore aujourd'hui, comme beaucoup d'autres.

J'étais présent sur la place du Gouvernement général, à Alger, quand de Gaulle a fait son célèbre discours et qu'il a dit : « Je vous ai compris. » Il y avait beaucoup de monde sur cette place. Avec son « Je vous ai compris », de Gaulle a endormi tout le monde : les pieds-noirs, les Français, les Algériens. Les Français pensaient qu'il les avait compris, parce qu'il voulait garder l'Algérie. Et les Algériens, ils étaient contents d'entendre dire « Je vous ai compris », et ils ont réussi à avoir leur pays. Moi, je pensais que l'Algérie allait rester française.

Les harkis ont été trahis. Pourquoi de Gaulle n'a-t-il pas sauvé tous les harkis qui ont été tués, après le cessez-le-feu, par les fellaghas ? Il a tellement endormi le peuple qu'il a fini par trahir. C'est un déshonneur pour moi, parce qu'il m'a abandonné, qu'il a abandonné les autres.

Visite du général de Gaulle à Saïda avec le commandant Bigeard, le 27 août 1959.

TRAHISON

Je voulais que l'Algérie reste française, c'est ce qu'on m'a ancré dans la tête, j'ai grandi avec ça. Je vis l'indépendance comme une déchirure, et la plus grosse des déchirures, c'est de ne pouvoir me recueillir sur la tombe de mes parents.

On a choisi la France, je pense qu'on a choisi le mauvais camp. Si on avait su, je n'aurais pas fait ce choix. J'aurais peut-être même été de l'autre côté. J'aurais peut-être même appuyé les fellaghas, si j'avais su que j'allais être trahi. Quelquefois, cette idée me réveille dans la nuit. J'en rêve même parfois.

> « J'ai souffert, j'ai été torturé, et aujourd'hui l'Algérie pour laquelle je me suis battu, je ne peux même pas y aller. »

J'ai tout donné à Madame la France. J'ai la carte d'ancien combattant. Mais ça ne m'apporte que des cailloux, ça ne sert à rien.

J'ai souffert, j'ai été torturé, et aujourd'hui l'Algérie pour laquelle je me suis battu, je ne peux même pas y aller. Pourquoi les harkis sont-ils morts ? Pourquoi ont-ils été emprisonnés ? Ils ont donné leur vie, et ils sont morts pour rien… L'amertume, à qui on la raconte ? Qui va vous écouter ? Qui va bouger le plus petit bout de doigt pour vous ? Aujourd'hui, je regrette de m'être battu pour la France qui m'a abandonné. Tous ces gens sont morts pour rien. ■

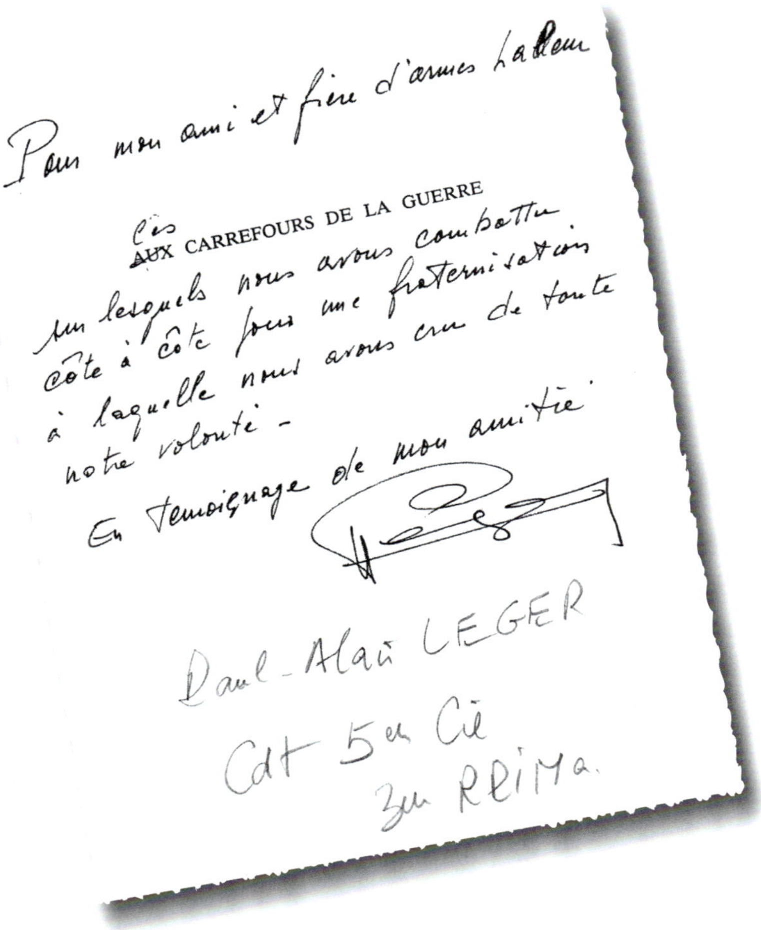

Pour mon ami et frère d'armes Lalem

~~AUX~~ Ces CARREFOURS DE LA GUERRE sur lesquels nous avons combattu côte à côte pour une fraternisation à laquelle nous avons cru de toute notre volonté –

En témoignage de mon amitié

Paul-Alain LEGER
Cdt 5e Cie
3e RPIMa.

Dédicace du capitaine Paul-Alain Léger à Abdel Madjid Lalem.

Opération Jumelle : le capitaine Léger, chef de harka du 3e RIPMa.

Mechta traditionnelle
en dur.

Général Maurice Faivre

« homme d'honneur »
85 ans

« Ses » harkis sont arrivés en France un jour de 1963, troupe misérable d'une trentaine d'hommes rescapés d'un massacre, traqués par les autorités algériennes, indésirables en France. Ils avaient réussi à traverser la Méditerranée et à le retrouver.
Ces survivants, il les a aidés à se loger, à faire venir leurs familles ; eux ont trouvé du travail.
Comme dans les contes de fées, les harkis eurent beaucoup d'enfants. C'est pour ceux-ci, qui ignoraient l'histoire de leurs parents, que, depuis ce jour de 1963, le général Faivre a entamé une intense recherche historique qu'il poursuit encore aujourd'hui.

Enfants dans un camp d'accueil dans le Sud-Ouest.

Je suis né le 29 mars 1926, dans le Doubs, d'une famille très patriote. Mon père a fait la fin de la guerre de 1914-1918, à partir de 1918, et il s'est réengagé en 1939-1940. La défaite de 1940 m'a marqué. Je m'étais dit qu'il fallait absolument qu'on redresse la situation. Une autre expérience a sûrement joué, m'incitant à faire carrière dans l'armée : je me suis occupé de scoutisme, j'ai été chef de troupe en Franche-Comté. L'esprit d'équipe, le commandement des hommes m'attiraient. J'étais saint-cyrien, major de promotion en 1947-1949. Ensuite, Saumur, en 1949-1950, puis la Légion au Maroc, de 1951 à 1953, et cinq ans de guerre en Algérie, en deux temps.

Première période de 1955 à 1957, et deuxième période, de 1960 à 1962. J'ai donc une expérience du problème algérien. Lors de mon premier séjour, j'avais quelques appelés musulmans, mais pas de harkis. J'ai été sous les ordres du colonel Gribius, qui commandait le secteur de Constantine. Un homme éminent. Il avait été le chef du troisième bureau de Leclerc pendant la campagne de 1945. Gribius avait des tas d'idées. Il avait résolu de supprimer les bidonvilles de Constantine, et de reconstruire un village à l'extérieur de la ville, à une dizaine de kilomètres. Tous les matins, un de mes officiers allait dans les bidonvilles, ramassait les hommes et les amenait dans ce village, où ils construisaient leurs maisons. C'était une expérience de pacification passionnante.

Pour mon deuxième séjour, qui a commencé en août 1960, j'étais en Petite Kabylie, où j'ai trouvé une harka constituée de soixante harkis.

LA VALLÉE SAUVAGE D'OUED BERD

L'Oued Berd, en Petite Kabylie, est un ensemble de six ou sept villages dans une très belle région, très escarpée, isolée, sauvage. Deux montagnes massives, les Babors, couvertes de forêts, culminent à 2 000 mètres. Au XIXe siècle, les tribus locales se sont opposées à la colonisation française. Elles ont résisté à la progression du régiment de Bourbaki. Le pays fut finalement administré par une commission municipale franco-kabyle, mais aucun colon ne s'est établi dans la vallée de l'Oued Berd.

Les Kabyles sont restés à l'écart de toute colonisation. Lors du soulèvement du 8 mai 1945 contre l'occupation française, un certain nombre sont allés manifester à Kerrata, où quelques manifestants ont tué huit Européens, dont le juge de paix, et ont pillé quelques boutiques.

En 1955, au moment de la guerre d'Algérie, ils ont pris parti pour le FLN. En particulier, parce que ce sont des fellaghas de Kabylie qui sont

8e RIM en patrouille.

Corvée d'eau dans la région de Saïda, dans le Sud oranais.

venus dans les villages, avec lesquels ils s'entendaient très bien. Des « moussebilines », sortes de commissaires politiques, ont été recrutés, chargés d'aider les soldats du FLN. De fin 1955 à début 1958, ils ont pleinement collaboré avec le FLN. Mais, en novembre 1957, il y a eu un changement. Le FLN avait modifié ses frontières entre les wilayas, et les Kabyles ont été remplacés par des

Arabes de Djidjelli, les Jouajel. Les habitants se sont très mal entendus avec ces fellaghas exigeants, qui avaient détruit l'école, tué le contremaître de l'usine où ils travaillaient, imposé le sabotage des routes, exigé un ravitaillement qui condamnait la population à la disette. Et surtout, ils avaient demandé que des femmes, des filles viennent au maquis. Ça, ils ne l'ont pas supporté. C'était contraire à l'honneur kabyle.

Il s'opéra un revirement d'opinion contre la violence du FLN. Un fils de harki, de 13-14 ans, Bouchaïd Kaci, qui circulait partout dans la montagne, a vu des horreurs. Il a trouvé dans les camps du FLN des centres de torture, il a été témoin d'horribles massacres. Sept garçons ont alors décidé de s'enfuir pour rejoindre l'armée française à quelques kilomètres et se sont engagés comme harkis. Ils ont été rejoints par d'autres, accompagnés de leurs familles.

Dans la région du djebel Babor, ces harkis ont participé à de dures opérations, dans le froid et la neige, à la suite du plan Challe en septembre 1959. C'était le début des opérations « Pierres précieuses », dont la première s'appelait « Rubis ». Elle a permis d'éliminer complètement les rebelles du Babor : 513 tués et 326 prisonniers pour l'ALN, 24 tués, 67 blessés de l'autre côté.

L'escadron de dragons a alors commencé la pacification.

MON ARRIVÉE EN AOÛT 1960

Quand je suis arrivé en août 1960, comme capitaine, à mon poste, un PC isolé dans le djebel, qui s'appelait la « cote 807 », c'était calme. Je commandais un escadron du 20e dragons, une harka, des autodéfenses, et j'étais responsable de ce qu'on appelait un « sous-quartier », territoire d'environ cinq mille habitants. Il n'y avait plus aucun rebelle. On circulait dans le djebel Babor avec une section, c'est-à-dire vingt hommes, alors qu'auparavant l'artillerie, les bataillons, les avions étaient souvent indispensables. La région était pacifiée.

Mes soixante harkis étaient armés, c'était une harka « amalgamée » ; ils vivaient dans le poste militaire, mélangés aux soldats français. Les trois villages dont ils étaient originaires étaient « en autodéfense ». Les harkis étaient jeunes, de 20 à 30 ans, et l'armée leur donnait une solde. Les autodéfenses étaient les vieux, les anciens com-

Baraquements de Rivesaltes reconstruits en décembre 1962.

Membres d'équipes médico-sociales itinérantes soignant des bébés.

battants, armés de fusils de chasse et de vieilles pétoires de la guerre de 1939. Ils n'étaient pas rémunérés.

Peu de temps après mon arrivée, un jour d'octobre 1960, tous les hommes d'un village, Oued Ayed, sont venus à mon PC et m'ont dit : « Cette nuit, un de nos cousins a été tué par le FLN parce qu'il refusait de payer l'impôt révolutionnaire. On vous demande des armes. On doit se défendre maintenant contre le FLN. » J'ai dit que j'allais transmettre la demande à mon supérieur, qui a accepté. Ils sont restés à mon PC, jour et nuit, pendant deux jours, jusqu'à ce que je leur donne des fusils de chasse. Dans ce village, j'ai recruté une nouvelle section de harkis. Ils m'ont envoyé une quarantaine de jeunes. Je ne pouvais en accueillir qu'une vingtaine. Alors, j'ai organisé une course de côte, et j'ai pris les vingt premiers. Ce qui faisait que j'avais désormais quatre-vingts harkis opérationnels. J'ai installé un nouveau poste de dragons dans leur village. Je leur ai demandé de me construire une piste parce qu'on ne pouvait pas arriver jusque-là en véhicule. Tout le village s'est mis au travail, ils se sont organisés, ont désigné un chef. Ça a été très démocratique.

ÉCOLE, PÈLERINAGE, RÉCOLTES

Mon épouse Monique, isolée à Kerrata, à une quinzaine de kilomètres, avait fait, à ma demande, un stage d'EMSI (Équipe médico-sociale itinérante) organisé par le cinquième bureau à Constantine et est venue vivre avec moi, à la cote 807. Elle s'est occupée des femmes et des enfants. Accompagnée d'un jeune harki qui lui servait d'interprète en langue kabyle et de guide, elle allait visiter les villages et prendre contact avec les femmes. Plus tard, elle a recruté une harkette. Elle a créé un cercle féminin et organisé une assistance médicale, avec un médecin qui venait de temps à autre pour soigner les femmes et les enfants. Une école avait été aménagée dans chacun des villages d'autodéfense, où un jeune dragon faisait la classe aux enfants. Ils n'étaient pas forcément instituteurs de métier, mais ils étaient volontaires et aimaient ça.

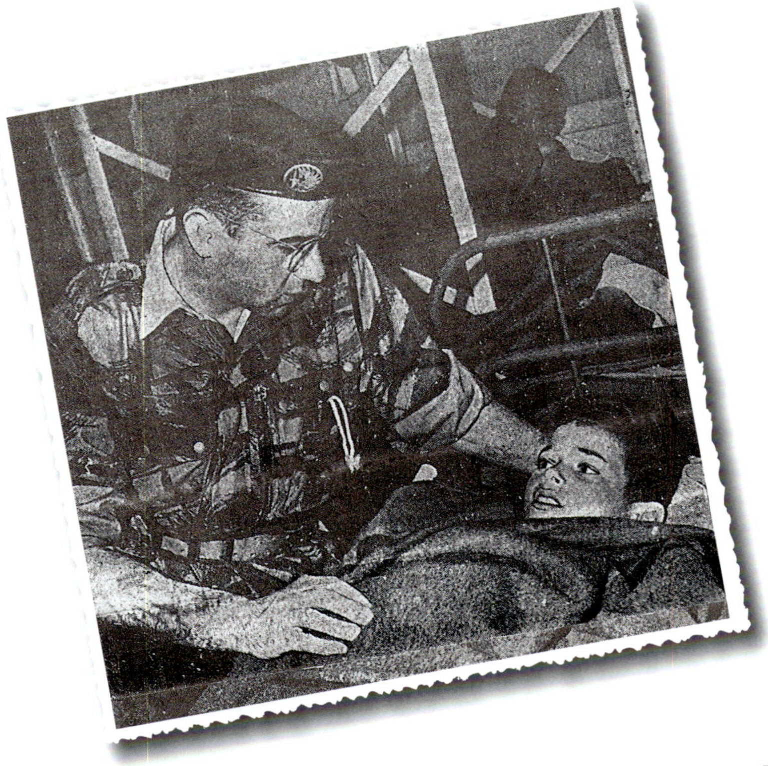

Le docteur Sangline au chevet d'un petit garçon qu'il a recueilli dans la rue.

Il y avait une très bonne coopération, des deux côtés. On continuait à patrouiller et à mener des opérations. Mais c'était vraiment une région pacifiée. À tel point que, lorsqu'il y a eu le putsch des généraux d'Alger, le 22 avril 1961, j'ai été très surpris. Personne ne m'a contacté. Je me suis dit : « Mais qu'est-ce qui se passe à Alger ? Ils sont fous ? Nous, on est en train de gagner sur le terrain, et ils se soulèvent à Alger… » On ne comprenait pas le sens de cette révolte. Dans le bled, on poursuivait notre travail de pacification.

Je n'étais pas pour « l'Algérie de papa », parce que j'avais observé la situation algérienne dès 1955, lors de mon premier séjour. En connaissant le pays, on savait que ça ne pouvait pas marcher. Je m'étais rendu compte qu'il y avait de grandes injustices vis-à-vis des musulmans. Il n'y avait pas d'égalité sociale. Je n'ai jamais pris parti non plus pour l'indépendance, mais j'étais pour une Algérie autonome qui soit associée à la France. J'étais pour une Algérie nouvelle.

Lors de mon premier séjour, j'allais dans les villages, et je disais aux maires : « Il faut que la situation évolue, il faut qu'on fasse une Algérie nouvelle. » Lors de mon deuxième séjour, je n'ai jamais dit que l'armée allait rester en permanence en Algérie. Je leur ai dit : « Nous, on est là pour vous aider à faire la paix, pour rétablir la prospérité en Algérie, mais dès que ce sera rétabli, ce sera à vous de faire l'Algérie. » C'était en fait l'idée de la majorité des officiers français. Pour nous, l'Algérie française, c'était une Algérie nouvelle et autonome, associée à la France.

“ Pour nous, l'Algérie française, c'était une Algérie nouvelle et autonome, associée à la France. ”

Harkis et harkettes de Catinat, près d'El Millia.

Au printemps 1961, les habitants m'ont demandé l'autorisation d'organiser un pèlerinage qui n'avait pas eu lieu depuis le début de la guerre. J'ai accepté. Dans un de ces villages se trouvait un marabout, un genre de temple consacré à une sainte femme, le marabout de Taftis pour lequel ils avaient une grande vénération. Le pèlerinage s'est déroulé du 16 au 19 mai 1961. Des centaines de gens sont venus de toute la région, qui ont été logés, nourris dans le village, et qui ont célébré la sainte. Mes harkis sont allés au pèlerinage, le fusil à l'épaule. Ils étaient au milieu du peuple kabyle, acceptés comme tels. Et nous, nous avions une grande confiance en eux. Mon prédécesseur avait pris l'habitude de les laisser partir en permission dans leur village avec leurs fusils, alors que c'était contraire au règlement. On aurait dû enchaîner les armes, n'ouvrir les chaînes qu'au moment des sorties, etc. Mais on avait confiance. L'entente avec les harkis a été parfaite.

Pour preuve, à l'été 1961, le chef du village d'Oued Ayed m'avait demandé l'autorisation d'aller faire les foins dans la montagne des Babors, où les habitants avaient leurs résidences d'été, mais déclarée zone interdite depuis le début de la guerre. Hommes et femmes, tout le village, sont partis de bon matin dans les pâturages où ils ne s'étaient pas rendus depuis plusieurs années. J'avais organisé une protection, harkis et dragons. Ils ont passé la journée dans la montagne, et le soir ils sont revenus en longue procession avec des ballots de foin sur le dos.

LA « RÉORGANISATION »

Le 1er août 1961, mon régiment, le 20e dragons, a été dissous. C'était le début de la réorganisation, on commençait à préparer le dégagement. Mon escadron est déplacé de l'Oued Berd pour être affecté vers Oulad Ou Ameur, près de Sétif, à un régiment de chasseurs. Ce régiment n'était pas très engagé dans la guerre d'Algérie ; leurs officiers étaient plutôt habitués à circuler sur les routes et allaient peu voir ce qui se passait dans le bled. Quand ils sont venus à la cote 807, les colonels et les officiers ont été horrifiés de constater que je vivais là, complètement isolé. Je leur ai dit que j'étais très heureux, que j'avais la confiance des populations, que je faisais un travail intéressant sans beaucoup de moyens. Je n'avais qu'une Jeep et un GMC. Ils n'ont eu de cesse que de me donner de nouveaux matériels, pour finalement me sortir de mon bled.

J'ai quitté la cote 807 en octobre 1961. Quand je suis parti, j'ai vu beaucoup de mes harkis pleurer parce qu'ils avaient confiance en moi. Des coloniaux sont venus ; ensuite, il y eut des tirailleurs, des gens de passage, pas attachés au pays. Après mon départ, je n'ai plus eu aucune liaison avec eux, plus aucune nouvelle. Je les ai perdus de vue. Ils étaient loin, et j'avais d'autres préoccupations.

Arrivé à Sétif, j'ai très vite demandé ma mutation. J'avais abandonné mon bled, j'avais abandonné les habitants qui me faisaient confiance, je n'avais plus aucun intérêt à rester à Sétif, et je ne m'entendais pas avec les officiers de ce nouveau régiment. Eux ne rêvaient qu'à la fin de la guerre d'Algérie, à repartir en France préparer la guerre contre les Soviétiques… J'avais un ami à l'état-major, à qui j'ai demandé de me faire affecter à Alger. Six mois plus tard, en février 1962, j'ai été affecté au deuxième bureau du commandant en chef, près d'Alger, à Reghaïa. Avant d'être rapatrié en France fin 1962. Je n'ai jamais eu l'occasion de revoir l'Oued Berd, et je n'aurai pas de nouvelles de mes harkis avant 1963, à Paris.

Des harkis contrôlent le chargement du bourricot.

COUP DE FIL DE LA PRÉFECTURE

Un jour de 1963, je reçois un coup de fil de la Préfecture de police de Paris : « Des harkis vous réclament. Ils sont à Choisy-le-Roi, ils viennent d'arriver. » Le dimanche suivant, avec mon épouse, nous sommes allés à Choisy-le-Roi et nous les avons découverts, un peu plus d'une trentaine, installés dans des conditions épouvantables.

Ils m'ont appris que la moitié de la harka avait été massacrée. Le 12 août 1962, les harkis ont été emmenés à Beni Messali, où ils ont été suppliciés. Quarante-sept harkis et membres des autodéfenses ont été tués en trois jours. Les survivants avaient réussi à prendre le maquis et à s'exfiltrer par des filières familiales, des combines. Ils étaient passés par Alger ou Bône, et étaient arrivés à Choisy-le-Roi par tradition : il y avait toujours eu, au village, des émigrés qui travaillaient en France, et notamment à Choisy-le-Roi.

Ils étaient arrivés célibataires et ont été très mal reçus à Choisy-le-Roi. La municipalité était communiste, et l'importante immigration musulmane de la commune était pro-FLN. Les premiers arrivés avaient campé sur les bords de la Seine, certains allaient dormir la nuit dans des tuyauteries de béton des travaux publics. Ils s'étaient ensuite regroupés en centre-ville, où ils avaient vécu dans des caves, dans un hangar de chantier abandonné envahi par les rats, dans des conditions infectes.

Certains de leurs camarades réfugiés en Seine-Saint-Denis, apprenant leur présence à Choisy,

Préparation au départ de réfugiés harkis de Bône.

sont venus les rejoindre. Ensuite, ils ont squatté une HLM dont la construction avait été abandonnée. L'immeuble n'avait ni portes ni fenêtres ; ils avaient bricolé des fenêtres en contreplaqué et récupéré des tuyaux d'arrosage pour avoir de l'eau. La harka avait été reconstituée !

Des bagarres ont éclaté avec les musulmans de Choisy-le-Roi. À tel point que certains se sont retrouvés à la prison de la Santé. Je suis allé les voir, puis j'ai témoigné en leur faveur au tribunal correctionnel, en tenue de capitaine. Le juge a absous mes harkis, il a prononcé un non-lieu, alors que je suis persuadé qu'ils avaient échangé des coups de couteau.

CINQUANTE-TROIS FAMILLES RAPATRIÉES

La première préoccupation des harkis était de rapatrier leurs familles restées dans leurs villages. Une seule famille avait réussi à gagner le camp de Saint-Maurice-l'Ardoise, en octobre 1962. Les autres étaient restées dans leurs bleds.

Il fallait monter un dossier de rapatriement et fournir un certain nombre de documents : attestation de services, demande du chef de famille indiquant la composition de sa famille, certificat d'hébergement en métropole, etc. C'est moi qui me suis chargé, depuis Paris, de faire leurs dossiers, et qui les ai envoyés aux autorités d'Alger.

Le rapatriement n'était pas facile, parce que les garnisons françaises avaient été évacuées : Sétif, le 1er juillet 1963, Bougie, le 31 décembre. Il n'était pas possible aux épouses, aux enfants, aux vieux parents de rejoindre une caserne française, et d'y être accueillis.

Les harkis ont eux-mêmes trouvé la combine, digne de l'évasion de prisonniers. Le frère d'un harki, installé en France depuis longtemps, et qui était plutôt FLN, a accepté de faire plusieurs voyages en Petite Kabylie pour ramener les familles. Muni de tous les papiers exigés pour le transfert en métropole, il est allé voir un commerçant de Kerrata et lui a dit : « Ce soir je déménage ma famille, est-ce que tu me prêtes ton camion ? » Il a chargé dix familles dans le véhicule, a roulé toute la nuit pour les amener à Bougie, où il y avait encore une garnison française, et un centre d'accueil de harkis. Le lendemain, les familles ont été embarquées en hélicoptère et déposées sur un navire de guerre au large. C'était une aventure extraordinaire pour ces femmes et ces enfants qui n'avaient jamais vu la mer, mais leur rapatriement était fait officiellement, avec un dossier par famille.

En 1964, la garnison de Bougie a été abandonnée. Il a fallu amener les familles près d'Alger au centre d'accueil du camp de Zeralda. On a continué suivant le même schéma, le camion de l'épicier roulant toute la nuit jusqu'à Alger. Un jour, le chef de centre de Zeralda a refusé des familles, parce qu'il a trouvé mon passeur suspect. J'étais alors en stage à Baden-Baden ; j'ai reçu un télégramme : les familles sont dans les bois à Zeralda, il faut venir à leur secours. J'avais un copain à Alger, au cabinet du général commandant le corps d'armée, qui a réglé le problème. La situation en Algérie s'étant un peu normalisée, les dernières familles ont été rapatriées par la Croix-Rouge, transférées au camp de Rivesaltes, avant de pouvoir rejoindre la HLM de Choisy.

En plusieurs voyages, on a rapatrié ainsi cinquante-trois familles.

LE BLED À DREUX

En décembre 1963, le maire de Dreux a écrit au ministère de l'Intérieur : « À Dreux, il y a quelques logements, il y a du travail, en particulier chez Renault à Flins, on peut accueillir des harkis. » Le 24 décembre, six familles s'installèrent à la cité Prodhomme, à Dreux. En janvier 1964, six autres arrivèrent à la cité Haricot. À partir du mois d'août, le regroupement familial a pu se faire grâce à la construction de logements Sonacotra rue Murger-Bardin. À Dreux, les harkis ont reconstitué leur village de Beni Dracene. Ils ont eu du travail. Ils étaient logés. Deux assistantes sociales s'occupaient d'eux à plein temps.

Moi, j'étais affecté à Saint-Germain, alors je leur rendais visite le dimanche avec mon épouse. Les femmes étaient ravies de la revoir. Je pense qu'on les a aidés à s'intégrer. Bien que l'accueil à Dreux n'ait pas été très chaleureux. Les harkis se sont retrouvés ignorés par la population, qui les considérait comme des Arabes, indésirables. Mais ça a été tout de même de bonnes années pour eux. Parce qu'ils étaient logés, qu'ils avaient du travail, qu'ils étaient soignés. Ils se sont mariés et ont eu beaucoup d'enfants. J'ai fait une enquête démographique pour la revue *Population* en 1990 ; j'ai calculé que la moyenne des enfants par femme était de 9,5, avec des familles de douze, quatorze enfants. En Algérie, les familles étaient moins nombreuses en raison d'une mortalité infantile élevée. Les femmes étaient heureuses, elles accouchaient à la maternité, alors qu'en Algérie elles accouchaient à la maison, suspendues à une corde accrochée au plafond pour accélérer la descente du bébé.

Quand les familles ont été amenées à Dreux, la population totale était de deux cent dix-sept personnes. Quinze ans après, elle avoisinait les mille personnes. Beaucoup de harkis se sont mariés entre eux, comme au village. Il y a eu un repli sur soi, à cause de l'indifférence de la population française et de l'attachement à leur mode de vie.

En juin dernier, je suis allé à un mariage, qui a réuni quatre cents invités dans un local de la mairie de Vernouillet, commune voisine de Dreux. À chaque mariage, nous sommes conviés, mon épouse et moi. Hier matin encore, je suis retourné à Dreux assister à une cérémonie au monument aux morts. J'ai toujours gardé le contact avec mes harkis.

“ Beaucoup de harkis se sont mariés entre eux, comme au village. Il y a eu un repli sur soi, à cause de l'indifférence de la population française et de l'attachement à leur mode de vie. ”

> « Il aurait fallu que tous les chefs de harkas fassent ce même travail de dénombrement, on aurait ainsi pu savoir combien de harkis avaient été tués après l'indépendance. »

MA RECHERCHE

Je me suis aperçu que les enfants des familles de Dreux, la deuxième génération, ignoraient tout de l'histoire de leurs parents, parce que les parents n'avaient jamais voulu raconter leurs malheurs, expliquer pourquoi ils s'étaient engagés aux côtés de la France, comment ils vivaient dans leurs villages. Je me suis dit qu'il fallait leur raconter d'où ils venaient.

Quand j'ai quitté l'Algérie, j'ai eu différentes affectations à Paris et en province, surtout au deuxième bureau, dans le renseignement militaire. J'ai commandé le deuxième bureau de Baden-Baden, puis celui de la 1re armée à Strasbourg. Pendant quelques années, j'ai poursuivi des recherches sur la stratégie militaire, en particulier contre l'Union soviétique. Après avoir quitté l'armée, en 1980, j'ai soutenu une thèse de doctorat en Sorbonne, publiée en 1988, une thèse d'histoire sur la nation armée de Machiavel à nos jours. J'ai également tenu une chronique mensuelle dans la revue *Défense nationale*.

J'avais un réel penchant pour l'histoire et la stratégie militaires.

Alors, pour les enfants de mes harkis, j'ai effectué des recherches en archives et publié mon premier livre *Un village de harkis, des Babors au pays drouais,* chez L'Harmattan en 1994. J'y raconte l'histoire de ma harka, l'histoire de leur village. J'y dresse une liste des victimes. Il aurait fallu que tous les chefs de harkas fassent ce même travail de dénombrement, on aurait ainsi pu savoir combien de harkis avaient été tués après l'indépendance. Je n'étais donc plus sur place quand les massacres ont eu lieu, mais, étant à l'état-major d'Alger, je savais qu'ils avaient été perpétrés dans toute l'Algérie. Seulement, on était très mal renseignés, on n'avait plus les contacts avec les anciens harkis parce qu'on n'avait plus de troupes dans le bled, les régiments ayant été ramenés dans les grandes villes, à Alger, Oran, Bône, puis rapatriés en France. Voilà pourquoi certains témoignages sont très imprécis et sous-estimés. Lacouture a estimé à dix mille le nombre de harkis massacrés, dans un article du *Monde* en novembre 1962. Or, à mon avis, il y en a eu beaucoup plus, entre soixante mille et quatre-vingt mille. Mais on ne le saura jamais. Il aurait fallu enquêter dans toutes les harkas et dans tous les villages.

Pour écrire ce premier livre, j'avais recueilli tellement d'archives que j'avais suffisamment d'éléments pour un deuxième. J'ai élargi mon sujet à l'Algérie tout entière. *Les Combattants musulmans de la guerre d'Algérie*, édité en 1995 chez L'Harmattan, est consacré non seulement aux harkis, mais aux tirailleurs, méharistes, spahis, et tous les musulmans engagés dans l'armée française. En quinze ans, j'ai publié une dizaine d'ouvrages et participé à autant d'autres, sur la guerre d'Algérie. Peu d'auteurs ont fait des recherches en archives sur les harkis. J'ai passé des jours et

> On continue à dire des choses fausses au sujet des harkis, contre lesquelles je me bats.

des jours à Vincennes, aux Archives nationales, aux Affaires étrangères, à la gendarmerie de Le Blanc, dans l'Indre, aux Archives d'outre-mer à Aix-en-Provence, à la Croix-Rouge à Genève. Personne n'avait ouvert avant moi les cartons que j'ai consultés. Et pour beaucoup de documents, j'ai dû demander des dérogations parce qu'ils ne sont pas accessibles au public ; je les ai d'ailleurs pratiquement toujours obtenues.

Je lis tout ce qui paraît sur les harkis. On continue à dire des choses fausses à leur sujet, contre lesquelles je me bats. Mais je me heurte à des problèmes. Par exemple, la directrice des Archives de France m'a accordé une dérogation pour consulter les archives de la Commission de sauvegarde du droit et des libertés, créée pendant la guerre d'Algérie, pour obtenir que les prisonniers ne soient pas maltraités, qu'il n'y ait plus de torture, qu'il n'y ait plus d'exécutions sommaires. Toutes ces archives m'ont été ouvertes, et elles sont passionnantes. J'ai demandé à publier certaines conclusions, en particulier sur les avocats du FLN. Cela m'a été refusé, comme ç'aurait été refusé aux autres historiens qui auraient pu en faire la demande, parce que la direction des Archives considère que la publication de leurs noms, et des noms des victimes d'ailleurs, pourrait porter atteinte à leur notoriété et à leur vie privée.

Pour certains, je suis une référence ; j'ai de bonnes relations avec des historiens reconnus, et je ne m'entends pas du tout avec d'autres. Actuellement, je suis mal vu de la DMPA, la Direction de la mémoire du patrimoine et des archives, qui dépend du ministère de la Défense, parce que j'ai été critique à son égard. J'ai participé à plusieurs de leurs travaux, notamment au moment où a été créé le Mémorial des combattants de la guerre d'Algérie, quai Branly. L'année dernière, les responsables de la DMPA ont organisé une journée sur la guerre de 1939-1945, et je n'étais pas d'accord avec les conclusions. Je le leur ai dit, ça ne leur a pas plu. D'autant plus que j'avais organisé, la même année, un colloque sur l'armistice de 1940, où la conclusion était que cet armistice était indispensable, qu'on n'aurait pas pu faire autrement. Ce n'est pas la thèse officielle, actuellement, on dit : « De Gaulle avait raison… »

Quand j'étais encore à l'armée, mon action en faveur des harkis n'a jamais été mal considérée par mes supérieurs, qui ne m'ont ni sanctionné ni freiné. J'ai eu de bons rapports avec les généraux de Boissieu et Vanbremersch. J'ai été promu général. J'ai été reçu à l'Élysée plusieurs fois. Mais les harkis sont un sujet encore brûlant. Moi, je continue de chercher la vérité. Cependant, je n'irai pas en Algérie. Je n'y suis jamais retourné, et il n'est pas question que j'y retourne. Je ne peux pas supporter de rencontrer ces gens qui ont massacré mes harkis en 1962. ■

Harkis au repos en 1959.

Un chef de harka et son groupe
dans les Ksours.

LEXIQUE

ALN : Armée de libération nationale, bras armé du Front de libération nationale (FLN).

ANP : Armée nationale populaire, l'armée algérienne depuis l'indépendance.

Bled : campagne.

Cuirassier, dragon, hussard : soldat de cavalerie de l'armée française.

Djebel : montagne ou terrain montagneux en Afrique du Nord.

Djouni (plur. : Djounoud) : soldat.

Douar : communauté communale ou territoire d'une tribu.

Européen : citoyen français de statut civil de droit commun en Algérie, aussi appelé « pied-noir ».

Fellagha, fell ou fellouze : pendant l'époque coloniale, partisan algérien combattant pour obtenir l'indépendance de son pays. Littéralement « casseur de route ».

FLN : Front de libération nationale, parti national algérien doté d'un organe exécutif, créé le 19 septembre 1958, le Gouvernement provisoire de la République algérienne ou GPRA, et d'une armée, l'ALN.

FPA : Force de police auxiliaire, plus communément appelée les « harkis de Paris », unité de police formée de supplétifs algériens musulmans avec pour mission de lutter en France métropolitaine contre la Fédération de France du FLN.

GMS : Groupe mobile de sécurité, constitué de supplétifs dépendant du ministère de l'Intérieur. Initialement appelés Groupe mobile de protection rurale (GMPR).

Goum : unité supplétive au Maroc.

Groupe d'autodéfense : groupe constitué de supplétifs de l'armée française, villageois volontaires auxquels l'armée française avait fourni des armes pour défendre leur propre douar.

Harka : troupe armée supplétive, créée à partir de 1956, rattachée à une unité régulière française qui assure son encadrement. Ce mot arabe signifie « mouvement ».

Homme d'honneur : nom donné par les harkis aux militaires français qui ne les ont pas abandonnés.

Katiba : compagnie d'une centaine de combattants de l'ALN.

Makhzen : unité statique composée de moghaznis.

Mechta : hameau d'Afrique du Nord. Désigne aussi les maisons en terre de ce hameau.

Moghazni : membre d'un groupe (makhzen) de trente supplétifs armés chargé de la protection des SAS.

Moudjahid (plur. : moudjahidin) : combattant de la guerre sainte.

Moussebel (plur. : moussebline) : auxiliaire.

Musulman : citoyen français de statut civil de droit coranique en Algérie, aussi appelé « indigène ».

OAS : Organisation de l'armée secrète, mouvement armé constitué après l'échec du putsch des généraux, qui tenta par tous les moyens de s'opposer à la politique algérienne du général de Gaulle.

Pied-noir : Français d'Afrique du Nord (voir « Européen »).

Quadrillage : division du territoire en compartiments où sont réparties les troupes. On distingue les troupes ou unités « de quadrillage » de celles dites « d'intervention » ou « de réserve générale ».

Réserve : troupe prête à l'engagement.

Réserve de corps d'armée : troupe non engagée, à la disposition du commandant de corps d'armée.

Réserve de zone : troupe non engagée, à la disposition du commandant de zone opérationnelle.

SAS : Section administrative spécialisée, unité de l'armée française chargée de l'encadrement administratif et sanitaire de la population en Algérie.

Secteur : unité territoriale subordonnée à la zone et confiée à un régiment.

Spahi : soldat de cavalerie de l'armée d'Afrique.

Supplétif : militaire autochtone employé temporairement.

Wilaya : région administrative algérienne selon un découpage territorial établi par le FLN.

Zone opérationnelle : territoire militaire subordonné au corps d'armée et confié à une division.

Zouave : soldat d'infanterie de l'armée d'Afrique.

Retour de zone interdite dans l'Ouarsenis.

Bibliographie

Général Maurice Faivre

Les 1 000 villages de Delouvrier : protection des populations musulmanes contre le FLN, Esprit du livre Éditions, 2009

L'Action sociale de l'armée en faveur des musulmans : 1830-2006, Éditions L'Harmattan, 2007

La Croix-Rouge pendant la guerre d'Algérie : un éclairage nouveau sur les victimes et les internés, Lavauzelle, 2007

Le Renseignement dans la guerre d'Algérie, Lavauzelle, 2007

Conflits d'autorités durant la guerre d'Algérie, Éditions L'Harmattan, 2004

Les Archives inédites de la politique algérienne, Éditions L'Harmattan, 2000

Le Général Paul Ely et la politique de défense : 1956-1961, l'Algérie, l'OTAN, la bombe, Economica, 1998

Les Combattants musulmans de la guerre d'Algérie : des soldats sacrifiés, Éditions L'Harmattan, 1995

Un village de harkis : des Babors au pays douanais, Éditions L'Harmattan, 1995

Les Nations armées : de la guerre des peuples à la guerre des étoiles, Economica, 1988

Général François Meyer

Pour l'honneur… Avec les harkis, de 1958 à nos jours, CLD, 2005

Brahim Sadouni

Destin de harki. Le témoignage d'un jeune Berbère, enrôlé dans l'armée française à dix-sept ans, Cosmopole, 2002

Le Drapeau. Écrits d'un harki, Éditions L'Harmattan, 2000

Lieutenant-colonel Armand Bénésis de Rotrou

Commando Georges et l'Algérie d'après : la Légion étrangère, les harkis, l'OAS : de l'espoir à la désespérance, préface du général Maurice Faivre, Dualpha, 2009

Remerciements

Cet album a été réalisé avec le soutien et la collaboration du Cercle des armis des harkis créé en 2010 par David Grenon, Akima Ayata, Jean-René Fourtou et Daniel Bernard, ainsi que le Fonds pour la mémoire des harkis (FMH) et l'Association justice information réparation (AJIR).

Le Fonds pour la mémoire des harkis a été créé par l'association AJIR pour les harkis.

Ce fonds de dotation régi par la loi du 4 août 2008 a pour objet d'intérêt général et culturel la promotion, le développement et la transmission de l'histoire et de la mémoire des harkis. Il est habilité à recevoir des dons, avec les avantages fiscaux qui y sont rattachés, permettant de financer des actions de mémoire et histoire des harkis.

Son conseil d'administration est composé de : Daniel Grenon (président), Akima Ayata (secrétaire générale), Mohamed Haddouche (trésorier), Jacques Alim (président de AJIR), Mohamed Baziz (trésorier de AJIR), Franck Tabaali.

L'éditeur remercie tout particulièrement Daniel Grenon pour son enthousiasme dans l'élaboration de ce livre. ■

Le siège du FMH est au 91, rue du Faubourg Saint-Honoré 75008 Paris.
Pour nous contacter :
fondspourlamemoiredesharkis@gmail.com

AJIR FRANCE
1, rue de la cité
63000 Clermont-Ferrand
Adresse mail : ajirfrance-contact@wanadoo.fr
Site internet : www.harkis.com

L'éditeur tient à remercier M. Arthur Smet
pour lui avoir ouvert son fonds et permis
d'utiliser gracieusement les photos qu'il contient.

Arthur Smet, avec son appareil photo autour du cou, entouré de ses « frères » harkis du commando Cobra dans la région de Brezina en 1960.

CRÉDITS PHOTOGRAPHIQUES

Collection particulière et © Arthur Smet :
couverture, p. 9 (en haut), p. 18, p. 19, p. 22, p. 26, p. 30, p. 33, p. 34, p. 35, p. 46-47, p. 48-49, p. 50, p. 52-53, p. 56-57, p. 72, p. 76, p. 86, p. 87, p. 88, p. 91, p. 162, p. 167, p. 172, p. 173, p. 177, p. 204, p. 207, p. 214 en bas, p. 215, p. 228-229, p. 234-235.

CDHA (Centre de documentation historique sur l'Algérie) : p. 23.

ECPAD (Établissement de communication et de production audiovisuelle de la défense) :
p. 29, p. 38, p. 41, p. 82, p. 85, p. 122, p. 125, p. 127, p. 128-129, p. 130, p. 131, p. 132-133, p. 135, p. 136, p. 139, p. 178-179, p. 180, p. 184, p. 188-189, p. 190-191, p. 192, p. 200-201, p. 222, p. 231.

Gamma-Rapho :
© Keystone-France : p. 8, p. 14, p. 15, p. 24, p. 92-93, p. 220-221.
© Jean-Louis Swiners/Rapho : p. 6-7, p. 16, p. 20-21, p. 36-37, p. 101, p. 213.
© Jacques Prayer/Gamma : p. 42, p. 89, p. 203.
© Ionesco/Rapho : p. 210-211.
© Jean-Pierre Tartrat/Gamma : p. 96-97, p. 98-99, p. 186, p. 212.
© L'Humanité/Keystone-France : p. 140-141.
© Berretty/Rapho : p. 154-155.

Roger-Viollet : p. 196-197.

Collections particulières :
Jacques Alim : p. 195.
Aïcha Baziz : p. 83, p. 95.
Armand Bénésis de Rotrou : p. 158, p. 160, p. 163, p. 164 en haut à gauche, p. 164-165, p. 168, p. 171, p. 174.
Maurice Faivre : p. 216, p. 217, p. 218, p. 219.
Maurice de Kervenoaël : p. 9 en bas, p. 58, p. 61, p. 62-63, p. 64, p. 65, p. 66, p. 67, p. 68, p. 69, p. 70-71, p. 72, p. 74, p. 75, p. 79.
Abdel Madjid Lalem : p. 203, p. 204, p. 208.
Paul-Alain Léger : p. 209.
François Meyer : p. 80-81, p. 102-103, p. 104, p. 106, p. 107, p. 108-109, p. 110, p. 111, p. 112 en haut, p. 112 en bas, p. 113, p. 114, p. 115 en bas, p. 116 en haut, p. 116 en bas, p. 117, p. 119, p. 120-121, p. 183.
Brahim Sadouni : p. 124.
Ahmed Tabaali : p. 142, p. 144, p. 146, p. 148, p. 151, p. 153, p. 155 en bas, p. 157.

CONCEPTION ET RÉALISATION
Edita sarl, Tours

ICONOGRAPHIE
Moïna Macé

PHOTOGRAVURE
Maryse Grimont

Dépôt légal : février 2012.
N° d'édition : 2114/01